POLYGLOTT on tour

Eugen E. Hüsler

Südtirol

W0301698

Top 12

besonderer Tipp

Warnung

Info

Hinweis

Restaurant

Unterkunft

Nightlife

Shopping

Literatur

Das System der POLYGLOTT-Sterne

Auf Ihrer Tour weisen Ihnen die Polyglott-Sterne den Weg zu den bedeutendsten Sehenswürdigkeiten aus Natur und Kultur.
Für die Vergabe orientieren sich Autoren und Redaktion am UNESCO Welterbe.

***** eine Reise wert** **** einen Umweg wert** *** sehr sehenswert**

Die Autoren

Eugen E. Hüsler

Der gebürtige Züricher ist als Autor und Fotograf vor allem in den Alpen unterwegs. Als begeisterten Bergsteiger und Radfahrer zieht es ihn immer wieder nach Südtirol. Neben zahlreichen Bergbüchern verfasste er auch mehrere Polyglott-Reiseführer.

Peter Peter

schrieb das Special. Er leitet seit vielen Jahren Studienreisen nach Italien. Seine umfangreichen Kenntnisse finden sich in vielen Publikationen, u. a. auch im Polyglott on tour.

POLYGLOTT-Top 12 Umschlagklappe vorne

Allgemeines

Städtebeschreibungen

Der erste Eindruck täuscht: Umgeben von einer lärmenden Industriezone offenbart sich die Hauptstadt in ihrer historischen Mitte als beschauliches, romantisches, zum Bummeln einladendes südländisches Handelszentrum.

Touren

Bildnachweis

Bernhart, Udo: 6, 7, 8, 9, 10, 11, 74, 76, 96; Begsteiger, A.M.: 49-2, 66; Castor, Dietlind: 3, 45, 56, 67, 73; Bildagentur Huber/Bernhart: 54; Bildagentur Huber/Simeone: 61; Farbdia-Archiv G. Amberg/Gunda Amberg: 30, 31, 35-1, 35-2, 57, 79; Farbdia-Archiv G. Amberg/Hellmuth Amberg: 50-1, 58; Farbdia-Archiv G. Amberg/Oskar Schraml: 38, 72; Hüsler, Eugen E.: 36, 77, 84-2, 88, 93-2, 99, 108; Jung, Gerold: 13, 15, 20, 23, 24, 26-1, 26-2, 29, 39-1, 39-2, 42, 43, 62, 63-2, 69, 83-1, 83-2, 84-1, 85-2; laif/Krinitz: 59; Messina, Daniele: 63-1, 64, Umschlagrückseite unten; mauritius-images/Günter Rossbach: 81; Schinner, Dieter: 37, 47, 50-2, 52-1, 95-1, 95-2, Umschlagrückseite oben; Storto, Walter: 25, 92-2; Südtirol Marketing, SMG-AAM: 19, 22; Thiele, Klaus: 28, 49-1, 52-2, 60, 65, 68-1, 85-1, 92-1, 93-1; Titelbild: Bildagentur Huber/Simeone.

Dolce Vita a Bolzano

Bozen ist aufgewacht und hat sich endgültig vom dominierenden Innsbruck emanzipiert. Durch die noch recht junge Uni blüht studentisches Nachtleben in der lange als verschlafen abqualifizierten Alpenmetropole mit dem schwül-heißen Klima. Auch das 1943 zerbombte und 1999 wiedererstandene Stadttheater sorgt für frischen Wind in der Musicalszene. Das neue Bozen entdeckt lebensfroh das kulinarische Angebot des restlichen Italiens und ist stolz auf seine Edelboutiquen und die erwachende multikulturelle Szene. Die Landeshauptstadt steht auch für Nightlife, Shopping und Spaß.

Abseits der großen Bühne ist das Kleinkunsttheater **Carambolage** eine gute Adresse für einen vergnüglichen Abend bei Theater, Musik oder Kabarett. Silbergasse 19, Kartenreservierung: Tel. 0471 98 17 90, Abendkasse: Tel. 0471 32 41 29, www.carambolage.org

Vereinigte Bühnen Bozen

Seit 1999 hat Bozen wieder eine große Bühne. Im schimmernd weißen Musentempel des Italieners Marco Zanuso werden Schauspiel, Opern, Operetten und Musicals aufgeführt – auf Deutsch, Italienisch oder Englisch. Dabei reicht das Repertoire von Klassikern wie Shakespeares »Was ihr wollt« über moderne Dramen wie Elfriede Jelineks »Der Tod und das Mädchen« bis hin zum Musical »Jekyll und Hyde« für Jung und Alt.

Vereinigte Bühnen Bozen, Verdiplatz, Tel. 04 71 32 79 30, www.theater-bozen.it

Freiluftflirt und Fingerfood

Sehen und gesehen werden ist auch in Bozens abendlichen Hotspots angesagt. Die Szene gibt sich international – mit Südtiroler Akzent.

▮ **Doctor Streiter's Winegarden,** Dr. Streiter-Gasse 28 (kein Telefon). Bozens mediterranste Freiluftstehbar: Die Schönen Bozens schlürfen hier gern Prosecco zu Bruschette (Mitte April bis Mitte Oktober).

▮ **Nadamas,** Obstplatz 44, Tel. 04 71 98 06 84. Buntgetünchter In-Treff am Obstmarkt. Späte Happen.

▮ **Hopfen & Co,** Obstplatz 12, Tel. 04 71 30 07 88. Angesagter Gasthof mit eigener Brauerei, solider deftiger Kost und abwechslungsreichem Kulturprogramm.

▮ **sa Domomea,** Dr.-Streiter-Gasse 7, Tel. 04 71 97 26 41. Leckere sardische Küche im Herzen Bozens.

Shoppingplatz der Hits und Trends

Mit dem wachsenden Wohlstand der Hauptstadt – im Städteranking auf Platz zwei hinter Mailand – hat auch die Bozner City ihr kommerzielles Outfit geliftet. Statt touristischem Alpenkram wird in den Topboutiquen unter den Lauben trendige italienische Mode von Prada bis Fendi ausgestellt. Die neuesten Möbel-, Küchen- und Lampenideen aus Mailand und Rom sind hier präsent. Italo-Design, Delikatessen aus dem ganzen Land und dazwischen ein Schuss barocke Lodenromantik – dieser unnachahmliche Stilmix macht Bozen zu einem der verlockendsten Einkaufsziele Italiens.

▮ **Seibstock,** Lauben 46, Tel. 04 71 32 40 72. Südtirols bester Delikatessenhändler hat im Jahr 2000 unter den Bozner Lauben einen 2-stöckigen Schlemmer-Tempel eröffnet.

▮ **Thun-Shop,** Galvani-Str. 29, Tel. 04 71 24 52 54. Keramik, Kachelöfen und kitschfreies Südtiroler Kunsthandwerk. Aus der Kellerwerkstatt der Grafen von Thun ist in einem halben Jahrhundert ein Imperium alpinen Geschmacks geworden.

▮ **Da Call,** Waltherplatz 7, Tel. 04 71 30 17 30. Schrille und edle Damenroben aus Südtirol. Starcouturiere Alessandra Stelzer zeigt in ihren Showrooms Avantgarde made in Alto Adige und klassisch-jugendliches Prêt-à-porter, handgefertigt im hauseigenen Meraner Atelier.

▮ **Bruschi,** Museumstr. 13, Tel. 04 71 97 82 66. Zwei Etagen für Schuhträume der führenden Ledernamen Italiens.

▮ **Principe,** Goethestr. 1, Tel. 04 71 97 84 90. Fundgrube für topaktuelle Nonameschuhe und klingende Marken.

★ Eine der renommierten und traditionsreichen Adressen für typische Tiroler Spezialitäten und urgemütlich noch dazu ist das Wirtshaus **Vögele,** Via Goethe 3, Tel. 04 71 97 39 38.

Junger Wein
und Bauernschmankerl

Das typische Südtiroler Törggelen entstand als Verkaufsveranstaltung. Die Weinhändler zogen durchs Land, um den neuen Jahrgang zu verkosten, und wurden dabei reichlich mit bäuerlichen Schmankerln kauflustig gestimmt. Noch heute ist das nach der Törggl (Weinpresse) benannte Dauerfest die beste Möglichkeit, die traditionelle Südtiroler Bauernküche kennen zu lernen – in authentischer Umgebung.

Wintertörggelen – viele Betriebe haben bis Ostern auf, ab Mitte November ist der Rummel vorbei und auch die Einheimischen lassen sich sehen.

Im Spätherbst ist Hochsaison zwischen Kaltern und Neustift, dann werden bei den Weinbauern Nuier (Neuer Wein), Kesten (Maronen) und Speck vom Brettl serviert. Dieser fröhliche Brauch ist altösterreichischen Ursprungs. Urkunden belegen, dass die Habsburger den Landwirten diese Form der Direktvermarktung schon 1415 gestatteten. Bedingung: Das Schankrecht war dabei auf maximal 6 Monate beschränkt und zum Verkauf durften fast ausschließlich eigene Produkte gelangen.

Mini-Lexikon der Südtiroler Küche

Gerstsuppe	–	Graupensuppe
Fastenknödel	–	Semmelknödel (ohne Speck)
Schlutzkrapfen	–	Teigtaschen mit Spinat, Topfen oder Kartoffelfüllung
Selchfleisch	–	Geräuchertes
Surfleisch	–	Gepökeltes
Gröstel	–	Pfannengericht mit Rindfleisch- und Kartoffelstücken
Kaminwurzn	–	geräucherte Hartwurst
Ronen	–	Rote Beete
Topfen	–	Quark
Kloazn	–	Trockenbirnen

Bäuerliche Buschenschanken ...

... von schlicht bis edel. Manche Lokale im Eisacktal haben nur eine winzige Stube und öffnen kaum länger als einen Monat, »bis der Wein ausgetrunken ist«, andere haben – besonders zwischen Tramin, Eppan und Kaltern – aus dem Törggelen einen perfekt durchorganisierten Dauer-Event mit Trachtenlook und Musikuntermalung gemacht. Man sitzt in mittelalterlichen Zirbenholzstuben oder im Freien auf rohen Sitzbänken unter alten Kastanienbäumen. Besonders reizvoll sind Wanderungen, die beim Weinbauern enden – einige bieten sogar Zimmer an!

- **Hianghof,** Klausen, Laitach 60, Tel. 04 72 84 73 54. Renovierter Bauernhof aus dem 18. Jh. (Okt.–Dez. tgl., Febr.–April nur Sa/So).
- **Röckhof,** Villanders, St. Valentin 9, Tel. 04 72 84 71 30. Im Buschenschank der Familie Augschöll gibts Eisacktaler Müller-Thurgau, Mohnkrapfen und Kartoffelplattelen mit Kraut. Übernachtungsmöglichkeit.
- **Panholzerhof,** Kaltern, St. Josef am See 8, Tel. 04 71 96 02 59. Nach Kennermeinung gibt's hier den besten Kalterer See (So geschl.).
- **Ebnicher,** Oberbozen-Ritten, Am Grumeregg 6, Tel. 04 71 97 82 64. Toller Ausblick bei typischem Vernatsch und Blauburgunder.
- **Vinotheque im Paradeis,** Margreid, St. Gertraud-Platz 5, Tel. 04 71 81 80 80, www.lageder.com. Edle Verkostungs- und Verkaufsstube der Kellerei Lageder. Bietet auch Destillate, Öle und andere Spezialitäten an (Mo–Fr 10–19, Sa 10–17 Uhr).

Die wichtigsten Rebsorten Südtirols

Weiß

- Chardonnay – der Fruchtige wird immer beliebter
- Gewürztraminer – wird auch trocken ausgebaut
- Sauvignon – fein-aromatisch, der klassische Spargelwein
- Weißburgunder – fruchtig, der beliebteste der Provinz

Rot und Rosé

- Blauburgunder – der samtigste Rote der Provinz
- Lagrein – neben dem Rosé Lagrein Kretzer gewinnt der wuchtige sortenreine Lagrein Dunkel immer mehr Freunde
- Rosenmuskateller – kostbarer hellroter Dessertwein
- Vernatsch – aus Südtirols typischster Rebe werden süffig-leichte Klassiker wie der Kalterersee und der St. Magdalener gekeltert

Der Südtiroler Bauernbund gibt jährlich eine Broschüre mit Weinwandertipps und ausgewählten Buschenschanken heraus. Der Führer »Törggelen in Südtirol« von Hans Dosser (Tappeiner/Südwest 2002) verrät die 75 besten Höfe mit Wander-, Ess- und Kulturtipps. Buschenschanken im Internet findet man unter www.buschenschaenke.it

Dolomiti
extrem und extravagant

★ Die rund 20 **Mountainbike-Gebietsführer** des Meraner Fun Bike Verlags beschreiben detailliert Touren in nahezu allen Ferienregionen Südtirols (www.bikearena.it).

Rafting in der Rienzschlucht

Wildwasserrafting für Fortgeschrittene durch die faszinierende Rienzschlucht zwischen Mühlbach und Brixen bietet Wasserfex Hermann Oberlechner an, aber auch weniger anspruchsvolle Touren auf Ahr und Eisack. Ahrntaler Str. 22, 39032 Sand in Taufers, Tel. 04 74 67 84 22, www.rafting-club-activ.com

Die ladinischen Dörfer des Grödner- und Gadertals haben sich zu einem perfekt gemanagten Sport-Dorado entwickelt, das auch jede Menge italienische Schickeria anzieht – Cortina d'Ampezzo ist nah! Zwischen Drei Zinnen, Langkofelscharte und Rosengarten werden Kletterkurse aller Schwierigkeiten angeboten, die Mountain-Bike-Rallyes haben Kultstatus, einige Hütten ebenfalls. Und wer noch mehr Abenteuer sucht, kann Ausflüge zum Wildwasserrafting buchen.

Superbike als Härtetest

Mit 40 € Startgebühr, ärztlichem Fitnessattest und einem Mindestalter von 18 Jahren kann man einen der 3000 Startplätze beim härtesten Mountainbike-Rennen der Dolomiten ergattern. Wem 111 bzw. 59 km Passstraßen an einem Tag zu viel sind, der kann es auch privat angehen. Zahlreiche Fahrradvermieter und Hotels bieten nicht nur Stahlrösser, sondern auch geführte Radtouren an.

▌**Dolomiti Superbike,** Von-Kurz-Platz 6, 39039 Niederdorf, Tel. 04 74 74 55 51, www.dolomitisuperbike.com

▌**Bike Hotels,** Tel. 04 71 63 16 33, www.mtb-land.com. 25 Hotels haben sich speziell auf Bergradler eingestellt und bieten geführte Touren und Rad-Camps an.

Klettern – schnuppern und extrem

Peter, Andreas und Toni heißen die Bergführer der Alpinschule Sexten. Ihr Angebot reicht vom Eisklettern für Spezialisten bis zum Schnupperkletterkurs für Kinder, für die eine »Expedition der Zwerge« organisiert ist. Und natürlich sind die Drei Zinnen ein internationaler Freeclimbertreff. Doch auch die Konkurrenz wie die Catores (»Steinhühner«) aus St. Ulrich im Grödnertal schläft nicht (siehe auch S. 25).

Hüttenzauber ganz hoch droben

Kultige Hütten, wo sich zwanglos urbane Italiener, abgekämpfte glückliche Alpinisten und feiernde Südtiroler mischen, gehören zu den Insider-Attraktionen der Dolomiten – nicht nur zur Winterszeit, wenn Snowcats mit nächtlichen Partylöwen über verschneite Almen brausen. Probieren Sie In-Treffs wie die von Höhlenbärenknochenentdecker Willy Costamoling geleitete Ütia Punta Trieste in 2038 m Höhe, kosten Sie in der Scotoni-Hütte Südtirols leckerstes Grillfleisch oder vor dem Rifugio Comici in 2140 m Höhe unter dem Langkofel Adriafisch. Abhotten ist in der mit Ralley-Bildern gepflasterten Nobelhütte Club Moritzino angesagt. Wichtig: Vorher Öffnungsmonate checken!

▮ **Ütia Punta Trieste,** Corvara, Tel. 0 47 18 36 64 (Sessellift Pralongia von Planatsch/Wolkenstein)
▮ **Scotoni-Hütte,** Lagazuoi-Badia, Tel. 04 71 84 73 30 (40 Min. Aufstieg von der Capanna Alpina oberhalb Armentarola/S. Cassiano)
▮ **Rifugio Comici,** Sella-Pass, Tel. 0 47 17 41 21 (Seilbahn Piz Sella von Wolkenstein)
▮ **Club Moritzino,** Stern/La Ila, Tel. 04 71 84 74 03 (Seilbahn Piz La Ila von Stern)

Alljährlich im Mai fällt die Entscheidung im zweitgrößten Radsportereignis der Welt, dem **Giro d'Italia,** auf den schweren Dolomiten-Etappen. Sella, Pordoi oder Grödner Joch sind die serpentinenreichen, steilen Pässe, die die Helden vor dem Etappenziel überwinden müssen. Freizeitradsportler versuchen es ihnen nachzumachen und quälen sich die Passstraßen hinauf: Von Mai bis September ist in den Dolomiten Radler-Hochsaison.

▮ **Alpinschule Sexten-Drei Zinnen,** Dolomitenstr. 45, 39030 Sexten, Tel. 04 74 71 03 75, Mobil-Tel. 0 34 84 44 92 54, www.alpinismo-trecime.com
▮ **Alpinschule »Catores«,** Stetteneckplatz 5, 39046 St. Ulrich, Tel. 04 71 79 82 23, www.catores.com

Südtirol – immer eine Reise wert

Seit jeher war es, neben der großartigen Landschaft, jener Hauch von Süden, der den besonderen Reiz Südtirols ausmachte. Von diesem Süden jenseits der Alpen schwärmten schon früher alle: die Bürger ebenso wie die Rothschilds und König Albert I. von Belgien. An berühmten Gästen hat es Südtirol nie gefehlt: Dürer reiste über den Brenner nach Italien, und Goethe, der Dichterfürst, Naturwissenschaftler und Geheimrat aus Weimar, war natürlich auch hier. Meran entwickelte sich schon im 19. Jh. zum Treffpunkt der Hautevolee. Kaiserin Sisi war öfter am Karersee zu Gast, und Churchill malte bei seinen Ferienaufenthalten Rosengarten und Latemar.

Südtirol hat ganzjährig Saison für Aktivurlauber: Im Frühling, wenn im Etschtal die Bäume blühen und oben auf den Gipfeln noch Schnee liegt, ist ebenso wie im Herbst die richtige Zeit für ausgedehnte Wanderungen. Im Sommer kann man im Kalterer See baden, den »höchsten Spitz in Tirol« – den Ortler (3905 m) – besteigen, historischen Pfaden folgen oder auf Waalwegen die traditionsreiche Kurstadt Meran umwandern. Im Winter lockt die weiße Pracht Brettlfans aus nah und fern in die Bergregionen. Die Südtiroler Fremdenverkehrsämter überbieten sich, wenn es darum geht, den Gästen zu jeder Jahreszeit ein möglichst umfangreiches und vielfältiges Freizeitangebot zu machen.

i Umfassende **Südtirol-Informationen** über die Homepage der landeseigenen Südtirol Marketing unter: www.hallo.com oder www.suedtirol.info (Adr. s. S. 100).

Lage und Landschaft

Die Dolomiten zogen schon früh Alpinisten magisch an, vor allem die bergsportbegeisterten Briten. Einem Franzosen jedoch verdanken sie ihren Namen: dem Hobbygeologen Déodat Gratet de Dolomieu (1750–1801), der magnesiumhaltiges Kalkgestein – den Dolomit – in den Stubaier Alpen entdeckte. Ein Brite war es dann, der im Jahr 1857 als erster einen großen Dolomitengipfel, den Monte Pelmo (3168 m), bestieg: John Ball, der spätere Präsident des »Alpine Club« in London.

Ein anderer Dolomitenpionier, der Wiener Paul Grohmann, stand als erster auf der Marmolada (3343 m). Sie alle waren fasziniert von den »Bleichen Bergen«, diesen bizarren Felsbastionen, die so unvermittelt aus dem Grün der Almen in den Himmel wachsen. Wer einmal die Drei Zinnen (2999 m) gesehen hat, wird ihr Bild kaum mehr vergessen: ein über 600 m hohes, frei stehendes Felsgebiss, das aus einem Bett aus Geröll und kargen Almböden aufragt. Grandios sind auch die wie Skulpturen wirkenden Vajolettürme – in Jahrmillionen aus dem Schlerndolomit entstandene Naturkunst. Mit seinem unverkennbaren Profil – breiter Rücken, davor zwei himmelwärts ragende Zacken – ist der

Schlern (2564 m) ein Wahrzeichen des Landes. Von der Seiser Alm aus besteigt man ihn in etwa 3,5 Std.

Die Dolomiten machen nur knapp ein Fünftel des 7400 km² großen Südtirols aus; die höchsten Berge stehen im Westen (Ortler, 3905 m) und im Norden, wo Ötztaler (Weißkugel, 3739 m), Stubaier (Zuckerhütl, 3507 m) und Zillertaler Alpen (Hochfeiler, 3510 m) den Alpenhauptkamm und die Grenze zum österreichischen Nordtirol bilden. Hier dominieren Eruptivgesteine, dunkle Granite und Gneise. Im Gegensatz zu den Dolomiten ist dafür die Vergletscherung beträchtlich, vor allem im Ortlermassiv (Cevedale), in den Stubaier Alpen und an der Nordseite der Rieserfernergruppe. Doch auch hier – wie überall in den Alpen – schwinden die Gletscher langsam. Kaum vorstellbar: Noch vor 20 000 Jahren bedeckten riesige Gletscher weite Teile Südtirols, stießen bis in die Gegend um Verona über den Gardasee hinaus vor und ließen mächtige Moränenwälle zurück.

In König Laurins Rosengarten

An der Südabdachung des Alpenhauptkamms entspringen die bedeutendsten Flüsse des Landes, im Westen (Reschenpass) die Etsch, am Brenner der Eisack und an der Grenze zu Osttirol die Rienz. Sie bilden die großen Südtiroler Talschaften: den Vinschgau, den Eisackgraben und das Pustertal. Bei Brixen mündet die Rienz in den Eisack, bei Bozen fließen Etsch und Eisack zusammen, öffnet sich das flachere Unterland. Typisch für die Bozner Gegend ist der rötliche Porphyr, den man besonders schön bei einer Fahrt durch die Eggentaler Schlucht oder am Weg ins Sarntal sieht. Es handelt sich dabei – wie beim

König Laurins versteinerter Garten

Rosengarten – ein Name, der in der großen Bergsteigergemeinde fast magischen Klang besitzt. Seit den Zeiten eines Tita Piaz oder Paul Preuß ist er ein Traumziel für Kletterer. Jeder Bozenbesucher kennt seine hell schimmernde, vielfach gebrochene Felsenmauer, die sich bei schönem Wetter mit der untergehenden Sonne gelb und rötlich verfärbt. Der Name »Rosengarten« taucht erstmals im 17. Jh. auf, viel älter ist jedoch die Sage um König Laurin, die Geschichte von der Niederlage des Zwergenkönigs im Kampf gegen Dietrich von Bern. Laurins Fluch soll seinen blühenden Rosengarten in eine Steinwüste verwandelt haben. Eine uralte und dennoch moderne Parabel? Angesichts der zunehmenden Überlastungstendenzen durch Tourismus in der westlichsten Dolomitengruppe und der dadurch voranschreitenden Umweltbelastung könnte man dies beinahe glauben.

Granit – um vulkanisches Gestein, das vor rund 275 Millionen Jahren an die Erdoberfläche gelangte und sich dann verfestigte.

Dass Südtirol ein Gebirgsland ist, belegen zwei Vergleichszahlen: Weniger als 5 % der Gesamtfläche liegen unterhalb der 500-m-Marke, gut 85 % dagegen über 1000 m. Mit fast einem Viertel ist der Anteil an so genannter unproduktiver Bodenfläche entsprechend groß.

Natur und Umwelt

Bis hinauf in die Regionen des ewigen Schnees, bis an den Rand der Gletscher finden Blumen, Gräser und Flechten noch ausreichende Lebensbedingungen. Herrliche Alpenblumen begleiten den Wanderer auf seinen Wegen. Und damit dies auch so bleibt, sollte man sich daran freuen, die Blumen aber weder zertrampeln noch pflücken! Viele der Pflanzen stehen unter strengem Schutz, beispielsweise das Edelweiß, die verschiedenen Enzianarten, das Steinröschen, Türkenbund, Feuerlilie, Steinbrech und die Schopfige Teufelskralle.

Die Fauna unterscheidet sich nicht wesentlich von der anderer Südalpenregionen. Weit verbreitet sind Gämsen und Murmeltiere. Selten, aber im Bestand nicht mehr gefährdet ist der Adler. Auch dem einst in den Ostalpen ausgerotteten Steinbock kann man in Südtirol wieder begegnen. In tieferen Lagen trifft man an sonnigen Steilhängen Smaragdeidechsen und gelegentlich Schlangen (u. a. die bis zu 2 m lange, ungiftige Äskulapnatter, selten die giftige Aspisviper). Bevorzugt in Eichenbuschwäldern leben Hirschkäfer, Gottesanbeterin und Zikaden. Auch der berühmte Gletscherfloh (Isotoma saltans) entstammt keineswegs dem Bergsteigerlatein, das winzige Insekt gibt es wirklich. Es ernährt sich bevorzugt von Pollenkörnern, die der Wind über die Eis- und Firnflächen weht.

Seit geraumer Zeit ist man verstärkt bemüht, Südtirols wichtigstes Kapital, die Natur, besser zu schützen. Die **Naturparks** des Landes sollen helfen, die alpine Natur für künftige Generationen zu erhalten. Neben dem bereits 1935 gegründeten **Stilfserjoch-Nationalpark** *(Parco Nazionale dello Stelvio;* 1346 km²), der nur knapp zur Hälfte in Südtirol liegt und bis in die Lombardei und Trient hineinreicht, gibt es mittlerweile eine ganze Anzahl von Schutzgebieten in Form von Naturparks: Texelgruppe (330 km²), Rieserfernergruppe (315 km²), Fanes-Sennes-Prags (260 km²), Sextner Dolomiten (116 km²), Puez-Geisler (95 km²), Trudner Horn (65 km²), Schlern (64 km²) und Sarntaler Alpen (400 km²).

Doch Naturschutz endet in Südtirol nicht an den Grenzen der Parks. Immer mehr Kommunen, Verbände und Betriebe verschreiben sich einem umwelt- und sozialverträglicheren »sanften Tourismus«, entwicklen Konzepte zur Direktvermarktung regiona-

Klima und Reisezeit

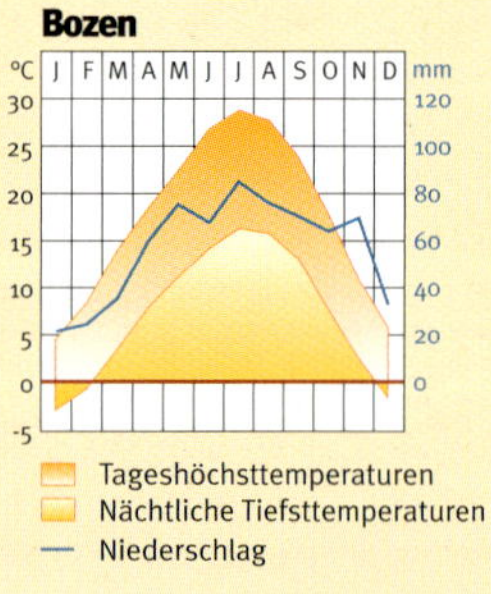

Weit verbreitet: das Murmeltier

ler Produkte, zur Müllvermeidung, Verkehrsberuhigung etc.

i Informationen über den Nationalpark und die Naturparks: www.parks.it, www.stelviopark.it.

Klima

Viele Regionen Südtirols sind klimatisch bevorzugt, wer sehr trockenes Klima liebt, fährt in den Vinschgau, der, bedingt durch seine inneralpine Lage, auf eine jährliche Niederschlagsmenge von ca. 650 mm kommt. Die Wetterlage in den Dolomiten wird dagegen oft durch Staulagen mit südlichen Winden – das gefürchtete Adriatief – beeinflusst. In Südbayern pfeift dann meist der Föhn. Dieser trockenen Fallwind, der für extrem klare Luft an der windabgekehrten Seite der Gebirge und für so manchen Brummschädel sorgt, kennt man auch in Südtirol, nur bläst er hier eher kühl.

Ausgesprochen mild ist es dagegen im Unterland. In Bozen etwa sinkt die Temperatur auch im Winter kaum unter den Gefrierpunkt.

Ein Relikt aus Mussolinis Zeiten

Südtirol/Alto Adige, Brenner/Brennero, Bozen/Bolzano … Die allgegenwärtige Zweisprachigkeit der Südtiroler Ortsnamen ist ein Relikt aus Mussolinis Zeiten. Der aus Rovereto stammende Geograph Ettore Tolomei – ein Anhänger des Irredentismus, jener nationalistischen Bewegung, die nach der Brennergrenze verlangte – war der Meinung, was italienisch sein sollte, brauchte auch italienische Namen. Also ging Tolomei mit Akribie daran, Tausende von Orts-, Flur- und Familiennamen ins Italienische zu übersetzen. Und dies, obwohl seine philologischen Kenntnisse ziemlich dürftig waren. Sein »Handbuch der Südtiroler Ortsnamen« diente Mussolini dann als Grundlage für neue Landkarten. Dabei entstand allerhand Kurioses: So erfuhr z. B. das Fischleintal (Sexten) gleich eine doppelte Namensverstümmelung, vom ladinischen Viscalina (zum Fiskus gehörend) über das deutsche Fischlein zum italienischen Fiscalina. Dass aus dem Glockenkarkopf im hintersten Ahrntal Vetta d'Italia (Haupt Italiens) wurde, hat dagegen politischen Hintergrund: Der Gipfel ist seit 1919 nördlichster Punkt des Landes. Seit 1993 befasst sich die Landesregierung mit der Namensproblematik, seit 2006 zeichnet sich unter Landeshauptmann Durnwalder ein Kompromiss ab, der vorsieht, dass Namen von überörtlicher Bedeutung zwei- bzw. dreichsprachig bleiben, die anderen sollen einsprachig werden.

Bevölkerung und Sprache

Während der Hauptreisezeiten besteht die Bevölkerung mehrheitlich aus Nichtsüdtirolern. Rund 5 Mio. Übernachtungsgäste werden pro Jahr gezählt – und das in einem Land mit etwas über 487 000 Einwohnern.

Nach der letzten Volkszählung 2001 sind etwa 68 % davon deutsch-, 28 % italienisch- und etwas über 4 % ladinischsprachig. Die Bevölkerungsdichte ist sehr unterschiedlich: Fast die Hälfte der Südtiroler und der größte Teil der italienischsprachigen Bevölkerungsgruppe lebt in den Tal-Ballungsgebieten um Bozen und Meran. Das übrige Land ist mit rund 30 Einwohnern je Quadratkilometer relativ dünn besiedelt. In den Dolomitentälern leben etwa 18 000 Ladiner. Ihre Muttersprache, das Ladinische, ist mit dem Rätoromanischen verwandt, das in Teilen des schweizerischen Graubünden gesprochen wird.

Kirchweih, Scheibenschlagen und Törggelen

Nicht nur die Kalendermotive Weinpergel, Gletschergipfel und spitze Kirchtürme bestimmen das übliche Bild von Südtirol, sondern auch die Vorstellung, es sei auch heute noch das Land der Bauern. Kaum einem Touristen wird bekannt sein, dass nur noch knapp 12 % der Südtiroler von der Landwirtschaft leben, davon die Hälfte im Nebenerwerb. Brauchtum gerät leicht zum Spektakel, aufgeführt für den zahlenden Gast, der darin das Symbol heiler Ferienwelt sieht.

Auch wenn es oft touristisch vermarktet wird, lebt das Südtiroler Brauchtum tatsächlich, sowohl in den Städten als auch auf dem Land. Das hat seine Gründe nicht nur in der Traditionsverbundenheit der Südtiroler und in ihrem Volksglauben. Dahinter verbirgt sich auch das Trauma der jüngeren Geschichte: die Abtrennung

Autonom?

Die Politik dreht sich in Südtirol seit dem Anschluss an Italien 1919 fast immer um die verlorene Selbstständigkeit. Nach dem Ersten Weltkrieg massiver Zuwanderung und Italienisierung ausgesetzt, brachte den deutschsprachigen Südtirolern am 5. September 1946 ein Abkommen zwischen dem österreichischen Außenminister Gruber und dem italienischen Ministerpräsidenten De Gasperi erste Autonomierechte.

Doch erst nach den Bombenattentaten der 1960er-Jahre und langwierigen Verhandlungen wurde das Südtirol-Paket verabschiedet, das 1969 auch von der Südtiroler Volkspartei (SVP) angenommen wurde und 1971 in Kraft trat. Seither regiert der Proporz im Land, werden Posten im öffentlichen Dienst dem Verhältnis der Sprachgruppen entsprechend verteilt – nicht gerade zur Freude der italienischen Bevölkerungsgruppe, die sich nun als Minderheit im eigenen Land fühlt. Kein Zufall, dass neofaschistische Gruppierungen immer wieder Zulauf erhalten. In den letzten Jahren ist jedoch eine deutliche Entspannung im deutsch-italienischen Verhältnis festzustellen, und die Jugend hat längst zu einem lässigen Miteinander gefunden.

vom Norden und Osten des Landes und die Unterdrückung durch den italienischen Faschismus. So wird lebendige Kultur zur Möglichkeit der Selbstbehauptung.

Alpauffahrten, Schützenfeste, unzählige Kirchweihfeste und andere aufwändig gefeierte kirchliche Feste wie Fronleichnam mit seinen prächtigen Prozessionen stehen ebenso auf dem Kalender wie Feste heidnischen Ursprungs, so z. B. das Scheibenschlagen im Vinschgau am »Holepfannsonntag«. Es hat seinen Ursprung in einem alträtischen Feuerkult. Aus einem germanischen Sonnwendmythos entstand das Klöckeln, wie es vor allem noch im Sarntal in den drei Nächten vor Weihnachten mit viel Lärm geübt wird. Ziemlich laut geht's auch beim Traminer Egetmann zu, einem Umzug, mit dem der bevorstehende Frühling begrüßt wird. So manche Tradition, wie z. B. das Törggelen (s. S. 8 f.), hat sich inzwischen zum Touristenmagnet entwickelt. Das Verkosten des jungen Weins ist für die Einheimischen allerdings ein Muss.

Tourismus, Obst und Rebensaft

Wichtigster Wirtschaftszweig ist der Fremdenverkehr mit rund 27 % des Bruttoinlandsprodukts (BIP), 2006 konnte der Sektor mit 26,4 Mio. Übernachtungen ein Rekordergebnis verbuchen. Die Landwirtschaft trägt dagegen nur noch knapp 4 % zum BIP bei. Hauptexportgüter Südtirols sind dabei Obst – über 600 000 t pro Jahr, davon fast 90 % Äpfel – und natürlich Wein: Etwa 500 000 Hektoliter werden pro Jahr gekeltert, davon rund 70 % Rotwein. Etwa die Hälfte der Südtiroler Weinproduktion wird exportiert, davon jeweils rund ein Drittel in die Schweiz, nach Deutschland und Österreich. Das produzierende Gewerbe (19 % des BIP) ist v. a. mittelständisch, einige Betriebe, wie etwa die Firma Durst, die in Brixen optische Geräte herstellt, exportieren weltweit. Dagegen beliefert die Holz verarbeitende Industrie des Pustertals vor allem italienische Möbelhersteller. Die in den 1920er- und 1930er-Jahren von Rom verordnete »Modernisierung« des Agrarlandes Südtirol bescherte vor allem Bozen, aber auch Meran hässliche Industrie-Randzonen und dazu ein paar marode Staatsbetriebe.

Steckbrief

- **Fläche:** 7400 km².
- **Höchster Berg:** Ortler (3905 m).
- **Tiefster Punkt:** Etsch/Adige bei Salurn (207 m).
- **Längster Fluss:** Etsch (410 km, auf Südtiroler Boden ca. 125 km).
- **Bodennutzung:** 38 % Wald, 34 % landwirtschaftlich genutzte Fläche, 3 % Siedlungsfläche, 23 % unproduktive Fläche (v. a. Hochgebirge) 2 % sonstige.
- **Anteil Naturschutzgebiete:** 1800 km² (ca. 24,5 % der Gesamtfläche).
- **Bevölkerung:** 487 500 Einw.
- **Größte Städte:** Bozen mit 100 000, Meran mit 35 000 Einw.
- **Verwaltungsgliederung:** Südtirol bildet zusammen mit der Provinz Trento die Autonome Region Südtirol-Trentino (Alto Adige-Trentino) und gliedert sich in sieben Talschaften mit 116 Gemeinden.

Geschichte im Überblick

Um 3000 v. Chr. Im Etschtal weisen Steinkistengräber auf erste Besiedlung hin.
Um 800 v. Chr. Dolmengräber zeugen von einer Megalithkultur in der Meraner Gegend.
36 v. Chr. Die Römer gründen Tridentum (Trient).
6. Jh. Die Bajuwaren wandern von Norden und die Langobarden von Süden her in das Land ein.
769 Herzog Tassilo III. von Bayern gründet das erste Kloster Tirols in Innichen.
1158 zieht Kaiser Friedrich I. mit seinem Heer über den Brenner.
1248 Albert III. und seine Nachfolger herrschen nach dem Aussterben der Grafen von Andechs und von Eppan als »Grafen von Tirol«.
1363 Gräfin Margarethe Maultasch vererbt Tirol dem Habsburgerherzog Rudolf IV.
1420 Innsbruck wird anstelle von Meran Hauptstadt Tirols.
1499 Die Graubündner dringen in den Vinschgau vor.
1525 Bauernaufstände greifen von Süddeutschland aus auf Tirol über.
1665 Nach dem Aussterben der Tiroler Linie der Habsburger wird Tirol von Wien aus verwaltet.
1703 Im Spanischen Erbfolgekrieg wehren die Tiroler Schützen Franzosen und Bayern ab.
1803 Säkularisation der Fürstbistümer Brixen und Trient.
1805 Nach der Niederlage gegen Napoleon muss Österreich Tirol an Bayern abtreten.
1809 Erfolgloser Aufstand der Tiroler unter Führung Andreas Hofers (hingerichtet 1810 in Mantua). Im Frieden von Schönbrunn fällt Nordtirol an Bayern, der Süden und das Trentino an Italien.
1815 Beim Wiener Kongress erhält Österreich Nord-, Südtirol und Trentino zurück.
1915–1918 Kaiserjäger und Alpini liefern sich einen erbitterten Stellungskrieg im Hochgebirge.
1919 Nach dem Ersten Weltkrieg verliert Österreich im Vertrag von Saint-Germain Südtirol an Italien.
1922 Unter Mussolini beginnt eine rigorose Italienisierungspolitik.
1939 Hitler-Mussolini-Umsiedlungsabkommen; rund 75 000 Südtiroler verlassen ihre Heimat.
1943 Nach dem Sturz des faschistischen Diktators Mussolini erklärt Italien Deutschland den Krieg.
1946 Im Gruber-De Gasperi-Abkommen werden den Südtirolern Autonomierechte eingeräumt.
1948 Die neu geschaffene Region Alto Adige-Trentino erhält Autonomiestatus und eine Regierung.
1992 Die Kultur- und Sprachenautonomie der deutsch- und ladinischsprachigen Südtiroler wird international verankert.
1998 Bozen erhält eine Universität und einen Flughafen.
2001 Bei den italienischen Parlamentswahlen wird die Südtiroler Volkspartei (SVP) mit rund 60% in Süd-tirol stärkste Partei.
2004 Die SVP verliert bei der Europawahl 10%, bleibt aber mit 46,7% stärkste Partei.
2006 Wahl Romano Prodis zum Ministerpräsidenten. In Südtirol erreicht Prodis Koalition v. a. dank der SVP fast 75 % bei der Abgeordnetenkammer-Wahl, beim Senat kommt die SVP alleine auf 63 %.

Kultur gestern und heute

Ältestes Zeugnis der Frühgeschichte Südtirols ist die »Tuiflskammer«; so heißt im Volksmund die Steinpyramide bei St. Nikolaus in Kaltern, die auf das Jahr 2000 v. Chr. datiert wird. Ihr Durchmesser beträgt am Sockel 50 m und verjüngt sich in Terrassen bis zum 15 m hohen Gipfel – 10 000 m³ Gestein, von Menschenhand zu Opferzwecken aufgetürmt. Etwa 1000 Jahre jünger sind die figürlich verzierten Menhire aus Algund (im Museum von Meran).

Mit dem Beginn der Eisenzeit, die in Tirol um 500 v. Chr. einsetzt, werden die archäologischen Funde reichhaltiger. Aus den Tälern Val di Fassa (Fassatal), Val di Fiemme (Fleimstal) und Val Gardena (Grödner Tal) stammen verzierte Keramik und Kleinbronzen.

Bei Grabungen in der Apsis der Kirche Santa Giuliana bei Vigo di Fassa kam in jüngerer Zeit ein Kultplatz aus dem 4. Jh. v. Chr. ans Tageslicht. Auch die Fluchtburgen der Räter, die Wallburgen, waren vermutlich Kultplätze. Archäologische Funde aus verschiedenen Epochen lieferte der Porphyrhügel von Castelfeder bei Auer, im Volksmund »Klein Griechenland« genannt.

Von der ein halbes Jahrtausend dauernden Zugehörigkeit zum Römischen Reich blieben, neben Fundamenten des Römerlagers Sebatum, nur ein Mithras-Steinrelief in Sterzing sowie Meilensteine und Kleinplastiken.

Aus der Zeit der Völkerwanderung (6. bis 8. Jh.) sind ebenfalls nur spärliche Zeugnisse erhalten; in Säben, dem ersten Bischofssitz Tirols, bestätigen die Beigaben in einer Nekropole, dass Bajuwaren und Langobarden in der ersten Hälfte des 7. Jhs. friedlich zusammenlebten – die Schmuckstücke der Frauen sind vom Norden beeinflusst, die goldbrokatbesetzten Kleider stehen dagegen in spätrömischer Tradition.

Jedes Jahr im Juni: der Oswald-von-Wolkenstein-Ritt

Kaiser, Kirchen, Künstler

Mit der fränkischen Eroberung Ende des 8. Jhs. hält die Kunst in Tirol Einzug; in den Durchgangstälern der Alpenregion entstehen Kirchen mit Wandmalereien, von denen zwei erhalten blieben: Die Fresken von Sankt Prokulus in Naturns und Sankt Benedikt in Mals im oberen Vinschgau gehören zu den ältesten der frühmittelalterlichen Kunst (Anfang 9. Jh.). Mit der Belehnung der Fürstbistümer Brixen und Trient zeichnet sich zu Beginn des 11. Jhs. nach einer längeren Pause wieder ein langsamer Aufschwung im künstlerischen Schaffen ab. Erste Beispiele dafür sind die Krypta des Klosters Sonnenburg im Pustertal (um 1020) und die Außenfresken von St. Peter ob Gratsch bei Meran (um 1080).

Freskenkleinod in Naturns: der hl. Prokulus auf der Flucht

Im 12. und 13. Jh. entfaltet dann die Romanik ihre volle Blüte; der wichtigste aus dieser Zeit erhaltene Kirchenbau steht in Innichen. Das Gebäude entstand um 1150 und zeigt heute wieder seine ursprüngliche Gestalt. Das besondere Vermächtnis der Romanik sind jedoch die einmaligen Fresken in Innichen (Kuppel), im Kloster Marienberg (Krypta) sowie die Fresken von Grissian (Apsis von St. Jakob in Kastellaz) und der Burg Rodeneck, aber auch die eher volkstümliche Darstellung der »Magd beim Knödelessen« in der Burgkapelle von Hocheppan (s. S. 76) – Freskenzyklen von internationaler Bedeutung.

In Südtirol hat die Bearbeitung des Werkstoffs Holz eine lange Tradition; Beispiele der regional hervorragenden Schnitzkunst sind etwa die Innicher Kreuzigungsgruppe, die Kruzifixe der Pfarrkirche in Gries und der Spitalkirche von Sonnenburg sowie zahlreiche Madonnen in den Museen von Bozen und Brixen. Die Portale von Brixen (Kreuzgang), Schloss Tirol, Marienberg und Innichen sowie die Triforienfenster der Burgruine Boymont bei Missian sind schöne Beispiele der sonst eher seltenen romanischen Bauplastik.

Höhepunkte der Gotik und barocker Ausklang

Um 1300 beginnt die Gotik vom Norden her auch auf Südtirol Einfluss zu nehmen. In der Baukunst verdrängt sie langsam die lombardischen Bauhütten, erreicht jedoch nie ihre großartigen französischen und deutschen Vorbilder. In Brixen blieb nur der romanisch begonnene, aber gotisch eingewölbte Kreuzgang erhalten. In Bozen und Meran entstehen gotische Pfarr- und Ordenskirchen. Der Wohlstand des spätmittelalterlichen Bürgertums kommt besonders der Ausstattung der Bauwerke zugute: Die Alpenregion wird das Land der Flügelaltäre und Fresken. Der Brixner Kreuzgang stellt das ganze Spektrum der Tiroler Malkunst zwischen 1390 und 1509 dar, und die Fresken des Neustifter Kreuzgangs stehen ihm da keineswegs nach.

Das prosperierende Bürgertum begünstigt besonders in Bozen und Brixen die Entstehung von Malschulen, bei denen auch andere Städte und kleine Gemeinden Fresken bestellen. Im Durchgangsland vermischen sich verschiedene Malstile: Der nördliche Konturenstil mit seinen bewegten Personendarstellungen verbindet die Bozner Schule mit realistischen,

Flügelaltäre

Einst repräsentierten sie den Stolz des Südtiroler Bürgertums: die Flügelaltäre. 70 von ihnen sind noch erhalten. Hervorzuheben sind der Schnatterpeck-Altar in Lana, der Lederer-Altar in Latsch, der Klocker-Altar in Pinzon und, als ältester, der Altar von St. Sigmund.

streng perspektivisch aufgebauten Landschafts- und Architekturszenen im Stil Giottos. Musterbeispiele sind die Fresken der Johanneskapelle im Dominikanerkloster sowie die anmutigen Abbilder des höfischen Lebens in der Burg Runkelstein.

Überall in Südtirol begegnet man außen an den Kirchenwänden dem »Stoffel«, denn Christophorus ist von alters her der Schutzpatron aller Reisenden im Durchgangsland Tirol.

Kunstgespür bewiesen die Sterzinger, als sie den Ulmer Hans Multscher mit dem Flügelaltar für ihre Pfarrkirche beauftragten; er schuf ein bahnbrechendes Meisterwerk (1458/59).

Mit dem Pustertaler Maler und Holzschnitzer Michael Pacher (um 1430–1498) erreicht die Tiroler Kunst ihre Blüte. In der alten Grieser Pfarrkirche steht sein wichtigstes Werk, der Marienkrönungsaltar; in Neustift eine Kopie seines gemalten Kirchenväteraltars (Original in der Alten Pinakothek in München).

Der Arkadenhof der Brixner Hofburg und die Sommerresidenz Velthurns sind die Prunkstücke Südtiroler Renaissance des 16. Jhs. Die reichen Bürger stehen dem Bischofssitz nicht nach: Ihre Landhäuser und Ansitze ahmen den Dekor des höfischen Stils nach; die Churburg wird sogar umgebaut. Im 17. Jh. bleibt durch die Folgen des Dreißigjährigen Krieges und einer Pestepidemie kein Geld mehr für die Kunst. Erst mit dem Barock des 18. Jhs. erholt sich das Kunstschaffen langsam wieder. Inspiration kommt von Künstlern aus dem süddeutschen Raum und aus Oberitalien, und die Alpenregion kann sich dem neuen Geschmack von Stuck und Farbe nicht entziehen. Viel Altes, Schönes geht verloren. Als einheimischer Künstler beeindruckt der Maler Paul Troger in der Hofburg und im neuen Dom von Brixen; Neustift wird barockisiert, seine Bibliothek erhält ein Rokokogewand. Bürgerlicher Barock manifestiert sich im Bozner Merkantilpalast, im Latscher Ansitz Mühlrain und im Schloss Wolfsthurn (bei Sterzing).

Mit Beginn der Napoleonischen Kriege 1797 endet diese Epoche; und in der Folgezeit bringt die Südtiroler Kunst kaum Nennenswertes hervor.

Das 20. und 21. Jahrhundert

Zwei Weltkriege, die Abtrennung vom Rest des Landes sowie das faschistische Gewaltregime beeinträchtigen die kulturelle Entwicklung Südtirols im 20. Jh. entscheidend. So markiert der 1914 eröffnete Kursaal in Meran, ein Juwel des Jugendstils, auch das Ende einer Epoche. Mussolinis Politik der radikalen Italianisierung beschert Bozen neben dem (ungeliebten) Siegesdenkmal ein neues Quartier samt Lauben rechts der Talfer, wo sich auch heute noch die italienische Bevölkerung konzentriert.

Nach dem Zweiten Weltkrieg ist ein Festhalten am Traditionellen zu beobachten. Die Architektur bringt kaum Nennenswertes hervor. Bozen erhält zwar einige moderne Hochhäuser und 1999 ein neues Landestheater, und in den Alpentälern wird fleißig gebaggert und gemauert, jedoch überwiegend stil- und gesichtslos. Als (positive) Ausnahme ist die neue Pfarrkirche von Algund (1971) zu erwähnen.

Erst in jüngster Zeit ist eine Trendwende zu erkennen: In Bozen wurde der Neubau des Museums für Moderne Kunst – mit interessanten Ausstellungen – eröffnet, und in Meran versucht man, historisches Ambiente mit Gegenwartskunst zu verbinden; manche Galerie stellt Werke der Pop-Art oder experimentelle Kunst aus.

Natürlich hat auch das 20. Jh. in Südtirol einige Künstler hervorgebracht, die über die Landesgrenzen hinaus bekannt wurden. Zu erwähnen sind etwa der umstrittene, aber erfolgreiche Maler Karl Plattner, die Bildhauerin Maria Delago, der Maler Rudolf Stolz, der Schnitzer Adolf Vallazza sowie die Schriftsteller Franz Tumler und Hubert Mumelter. Viele Nachahmer fand der eigenwillige Stil des Zeichners Paul Flora.

Optisch wird die Kulturlandschaft Südtirols noch heute von ihrer historischen Bausubstanz geprägt, von Burgen und Schlössern, Kirchen und Kapellen. Und natürlich von den Bauernhöfen, die das wirtschaftliche Rückgrat Südtirols bilden, und mit teilweise neuen Konzepten (Ökologische Landwirtschaft) versuchen sich zu behaupten. Besonders schöne Beispiele traditioneller Baukunst finden sich etwa im Ultental, auf den Höhen über dem Pustertal und im Gadertal. Trotz Tourismus und Bauboom haben sich viele Ferienorte doch noch ihren alpenländischen Charakter bewahrt, auch wenn es hier und da Bausünden gibt.

Am Ostermontag in Meran: spannendes Haflingerrennen, der »Bauerngalopp«

Feste & Veranstaltungen

- **Januar: Pustertaler Skimarathon** (Toblach – Olang/Antholz); **Kastelruther Bauernhochzeit.**
- **April: Bauerngalopp** (Pferderennen) am Ostermontag in Meran mit Haflingerumzug; **Bozner Blumenmarkt** (30. April/1. Mai).
- **Mai: Bozner Weinkost** – ein Muss für Liebhaber der Südtiroler Weine (eine Woche; Schloss Maretsch).
- **Juni: historischer Oswald-von-Wolkenstein-Ritt** im Schlerngebiet; **Fronleichnamsprozessionen.**
- **Juli: Ballettsommer Bozen;** Soireen auf Schloss Tirol.
- **August: Rittner Sommerspiele** in Lengmoos; **Pianistenwettbewerb »F. Busoni«** in Bozen (Konzerte).
- **September: Meraner Musikwochen** mit klassischer Musik im Kursaal. **Bozen Spektakulum** (Altstadtfest).
- **Oktober: Südtiroler Apfeltage** in Auer; **Traubenfest** in Meran am dritten Oktoberwochenende; **Stegener Markt** in Stegen bei Bruneck (Bauernmarkt, Ende Oktober).
- **November: Martinimarkt**, Girlan.
- **Dezember: Christkindlmärkte** in Bozen, Brixen, Brunneck, Meran, Sterzing. **Ski-Weltcup** in Gröden und Alta Badia.

Kunstgenuss in historischem Ambiente vermitteln die sommerlichen **Schlosskonzerte** überall im Land, u. a. auf der Trostburg, in Labers, Schenna, Taufers, Velthurns, Prösels, Neustift, Wolfsthurn, Tirol und Ehrenburg.

Aus Küche und Keller

Die Südtiroler Gastlichkeit ist fast sprichwörtlich und hat den teutonischen Gästeansturm in den 1960er- und 70er-Jahren fast unbeschadet überstanden; der Küche ist hingegen der unter Urlaubern häufige Wunsch nach großen Portionen und kleinen Preisen weniger gut bekommen. Das Einerlei aus Schnitzel, Pommes und Pizza verdarb die einst heimische Vielfalt. Immer mehr Gastwirte besinnen sich jedoch auf ihr kulinarisches Erbe, auf die deftige, wohlschmeckende Kost ihrer Vorfahren und lassen sich anregen von der traditionellen Küche der Regionen Trentino, Venetien und der Lombardei.

Knödel-Variationen

Im Mittelpunkt der Südtiroler Kochkunst stehen traditionell Knödel, Nockerln und Krapfen. Diese haben mit dem deutschen Knödel oder Kloß wenig zu tun – die Tiroler Ausgaben unterscheiden sich deutlich in der Art und Raffinesse ihrer Zubereitung. Der Teig wird aus Kartoffeln, altbackenem Brot oder Mehl mit Eiern oder Milch hergestellt und in allen möglichen Variationen süß und salzig weiterverarbeitet. Die Speckknödel werden mit Kraut serviert, die Spinatnocken mit geriebenem Käse, die Kasnocken mit flüssiger Butter, die Schwarzknödel oder Schwarzplenten mit Fleischbrühe, die Leberknödel ebenso oder auch mit Kraut, die Topfennocken schmecken mit Butter oder Käse – die Reihe lässt sich endlos fortsetzen, alle Sorten gelangen auch als Beilagen auf den Teller. Die süßen Knödel, mit Marillen, Zwetschgen oder Birnen gefüllt, werden in Zimt und Zucker gewälzt. Zu den süßen Wundern gehört der »Innicher Sterz«, eine herrliche Pfannkuchenvariante mit Heidelbeeren. Unter den Krapfen sind die mit Spinat gefüllten Schlutzkrapfen besonders köstlich: kleine Teigtaschen, die mit zerlassener Butter serviert werden.

Zu deftigen Südtiroler Spezialitäten ist ein Gläschen Roter nicht zu verachten

Spargelgenuss

Der um Terlan, Vilpian und Siebeneich gezogene Spargel ist von hervorragender Qualität. Zum vollendeten Gaumengenuss wird er aber erst mit der gar nicht schwierig herzustellenden, aber vorzüglichen Bozner Soße. Wie's geht? Drei frisch gekochte Eidotter durch ein feines Sieb drücken und unter ständigem Rühren 2–3 Esslöffel Öl hinzugeben, dazu Estragon-Essig (2 Esslöffel), Rahm (1 Esslöffel) und etwas Senf. Kräftig rühren! 1 Esslöffel gehackte Kapern, 2 zerkleinerte Sardellenfilets, gehackte Petersilie, je eine Prise Salz und Pfeffer sowie eine Messerspitze Zucker runden den Geschmack ab. Guten Appetit!

Eine Marende gefällig?

Nicht nur deftig

Der Tiroler mag Suppen; die Gerstelsuppe mit Graupen und Speck bildet eine gute Grundlage. Eine Spezialität ist die Milzschnittensuppe: Weißbrotscheibchen werden in eine Tunke aus Kalbsmilz, Eigelb und Gewürzen getaucht, in Butter herausgebacken und dann in Fleischbrühe serviert.

Südtiroler Strudel – pikant gefüllte große Teigrollen aus dem Rohr –können Vor- oder Hauptspeise sein. Wer eine Spinatrolle auf der Karte entdeckt, sollte nicht lange überlegen; auch andere Füllungsvarianten mit Fleisch, Gemüse, Käse und Gewürzen sind üblich. Und die süßen Strudel zeigen, welch reiche Früchte das Land trägt: Äpfel, Birnen, Kirschen, Zwetschgen, Blaubeeren, Mohn.

Bei den Hauptgerichten dominieren längst nicht nur deftige Braten. Im Gegenteil – bei vielen engagierten jungen Küchenchefs ist ein moderner, mediterraner Einfluss spürbar, ohne dass z. B. einheimische Wildspezialitäten in Vergessenheit geraten. Immer ein Genuss ist die Forelle aus den Gebirgsbächen (in Meran heißt sie Passeierforelle), ob geräuchert, gedünstet oder in Butter gebraten.

Südtiroler Weine

An den sonnigen Hängen Südtirols wurden schon zur Bronzezeit Reben kultiviert. Doch lange Zeit war der Ruf des Südtiroler Weins nicht der beste, wurde doch eher Masse statt Klasse produziert. Vor allem der »Kalterer See« war fast schon zum Synonym für billigen Massenwein geworden. Dies hat sich in den letzten Jahren grundlegend geändert und ist einer neuen Winzergeneration zu danken, die den Ertrag zugunsten der Qualität reduzierte, in dem sie den traditionellen Anbau auf Holzträgern abschaffte und modernste Kellertechnik einführte. Die meisten Südtiroler Weine stammen heute aus kontrollierten Anbaugebieten und dürfen deshalb die Bezeichnung D.O.C. *(denominazione di origine controllata)* tragen.

Nach wie vor werden zu zwei Drittel Rotweine angebaut. Unter ihnen sind die beliebtesten Sorten weiterhin der Vernatsch und Lagrein, vor den immer populärer werdenden Sorten Blauburgunder, Merlot und Cabernet.

Bei den Weißweinen sind es Chardonnay, Weiß- und Grauburgunder sowie Sauvignon Blanc, die in den letzten Jahren stetig besser geworden sind und von denen manche inzwischen zu den Spitzen-Weißweinen Italiens gehören (s. auch S. 9).

Ein uralter Südtiroler Brauch ist das Törggelen (s. S. 8 f., 13), das Verkosten des »Nuien«, des neuen Weins, im Spätherbst; organisierte Törggelenfahrten sind oft jedoch sehr touristisch. Umfassende Informationen über alle Südtiroler Gewächse bietet jedes Frühjahr die »Bozner Weinkost«. Im Weinmuseum in Kaltern, das im »Zehentkeller« ein stilvolles Ambiente gefunden hat (s. S. 78), dreht sich ebenfalls alles um den Wein.

Urlaub aktiv

Wandern

gehört ganz einfach zum Südtirolurlaub. So mancher malerische Fleck zwischen Ortler und Drei Zinnen ist nur auf Schusters Rappen erreichbar. Entsprechend dicht und gut markiert ist das Wegenetz, dazu kommen Seilbahnen und Lifte, die den Bequemeren die Mühsal des Aufstiegs abnehmen, sowie viele bewirtschaftete Hütten und Berggasthöfe. Die örtlichen Tourismusvereine geben Broschüren mit Wander- und Tourenvorschlägen heraus.

Bergsteigen und Klettern

Südtirol, vor allem aber die Dolomitengipfel, sind ein Dorado für Bergsteiger und solche, die es werden wollen. Lernen kann man's in den Alpinschulen; sie führen verschiedene Kurse (auch für Kinder) durch und bieten Tagestouren mit Führung an. In Südtirol gibt es gut ein Dutzend dieser Einrichtungen, wie z. B. die **Alpinschulen »Catores«** in St. Ulrich und **Sexten-Drei Zinnen** in Sexten (Adressen s. S. 9) oder die **Alpinschule Südtirol** der Südtiroler Bergsteigerikone Hans Kammerlander in Sand in Taufers (Jungmannstr. 8, Tel./Fax 04 74 69 00 12, www.kammer lander.com). Weitere findet man unter www.alpinschulen.com.

In der Regel gut ausgebaut sind in den Dolomiten die **Klettersteige** (ital.: *vie ferrate),* mit Drahtseilen, Leitern und Eisentritten ausgestattete Felsrouten. Ihre Begehung verlangt aber oft einige bergsteigerische Routine voraus und eine spezielle Ausrüstung (Infos bei den Alpinschulen, die auch begleitete Touren durchführen).

Für Familien ideal: auf Schusters Rappen im Grödner Tal

Hochseilgärten

Vor allem ältere Kinder sind begeistert vom Kraxeln über Hängebrücken, Seilen und Netzen zwischen Baumwipfeln, immer gesichert mit Karabiner und Klettergurt. Der erste Garten dieser Art entstand in Kasern in Ahrntal, Tel. 04 74 65 41 85, ein weiterer beim Gasthof Taser in Schenna, Tel. 04 73 94 56 15, www.familienalm.com.

Radfahren

Fahrräder und Mountainbikes kann man in den meisten Ferienorten mieten; es werden auch geführte Touren angeboten. Ausgeschilderte Radwege gibt es u. a. im Überetsch, im Unterland und im Pustertal. Südtirol Marketing (s. S. 100) gibt Auskünfte.

Drachenfliegen/Paragliding

An guten Startplätzen (z. B. Kronplatz oder Seiser Alm) besteht ebenso kein Mangel wie an Schulen, z. B. **Time to fly** (Sand i. T., Tel. 04 74 65 32 41).

Rafting auf Südtirols Stromschnellen

»Dolomiti Superski«

Rafting

Wer sich nicht scheut, durchnässt zu werden, kann an organisierten Wildwassersafaris auf Passer, Etsch, Talfer, Eisack, Rienz oder Ahr teilnehmen.

i **Rafting Club Activ,** Sand in Taufers, Tel./Fax 04 74 67 84 22, www.rafting-club-activ.com
- **Acquaterra,** Latsch, Tel. 04 73 72 00 42, www.acquaterra.it
- **Rafting Sterzing,** Tel. 0 33 51 37 05 60, www.raftingsterzing.it

Reiten

Viele Orte bieten Reitstunden und Ausritte an, mit Südtiroler Haflingern, u. a. im Sarntal, in Hafling und Schenna. Ein Adressverzeichnis ist bei Südtirol Marketing (s. S. 100) erhältlich.

Golf

Golfplätze gibt es in Petersberg (18-Loch; **Golf Club Petersberg,** Tel. 04 71 61 51 22), bei Kastelruth (18-Loch; **GC Kastelruth-Schlern,** Tel. 04 71 70 87 08), bei Welschnofen (9-Loch; **GC Karersee-Carezza,** Tel. 04 71 61 22 00), bei Lana (9-Loch; **GC Lana Gutshof Brandis,** Tel. 04 73 56 46 96), in St. Leonhard i. P. (9-Loch; **GC Passeier-Meran,** Tel. 04 73 64 14 88), oberhalb von Covara (9-Loch; **GC Alta Badia,** Tel. 04 71 83 66 55), in Reischach im Pustertal (9- Loch; **GC Pustertal,** Tel. 04 74 41 21 92) sowie in Seio di Sarnonico (9-Loch, **Dolomiti Golf Club,** Tel. 04 63 83 26 98).

i Ausführliche Golf-Infos unter **www.golfinsuedtirol.it.**

Surfen

Kleinere Surfreviere findet man u. a. am Reschensee, am Vernagt-Stausee und am Dürrensee. Kurse am Kalterer See bietet das Strandbad **Gretl am See,** Tel. 04 71 96 02 73.

Heilbäder und Kuren

Meran ist das meistbesuchte Thermalbad Südtirols und darüber hinaus auch bekannt für seine herbstliche Traubenkur. Kleinere Bäder sind Bad Salomonsbrunn (Antholzer Tal) und Weißlahnbad (Tierser Tal). Auf dem Joch Grimm (Regglberg) sowie in Völs gibt es Heubäder, und in Brixen kann man bei **Dr. von Guggenberg** in vornehmer Umgebung kneippen (Tel. 04 72 82 02 22, Fax 04 72 83 40 14).

Viele Hotels bieten Wellnessprogramme an (www.belvita.it), z. B.:

Muchele, Burgstall, Tel. 04 73 29 11 35, Fax 04 73 29 12 48, www.muchele.com. Beautyfarm, Vollwertkost. ❍❍

▮ **Grand Hotel Palace,** Meran, Tel. 04 73 21 13 00, Fax 04 73 27 11 00, www.palace.it. Beautyfarm. ❍❍❍

▮ **Castel,** Dorf Tirol, Tel. 04 73 92 36 93, Fax 04 73 92 31 13, www.hotel-castel.com. Massagen, Bäder, Schönheitsfarm, Vollwert- und Reduktionskost. ❍❍

▮ **Mirabell,** Olang, Tel. 04 74 49 61 91, Fax 04 74 49 82 27, www.mirabell.it. Ayurveda-Pavillon. ❍❍

Wintersport

Freunde des »weißen Sports« finden in Südtirol und den Dolomiten ein schier unerschöpfliches Revier für den alpinen wie für den nordischen Skilauf. Berühmt ist etwa die **Sella Ronda,** ein Verbund von Liften rund um das Sellamassiv. Superlative verspricht auch der Skipass **Dolomiti Superski** (www.dolomitisuperski.com), dessen Gültigkeitsbereich 12 Skigebiete vom Pustertal bis zum Val di Fassa umfasst.

Keine Wünsche lässt das Skigebiet von **Cortina d'Ampezzo** offen. Besonders eindrucksvoll ist das Gebiet um den 2778 m hohen **Lagazoi.**

In der Nebensaison bietet das Programm »**Weiße Wochen**« vergünstigte Skipässe, Skikurse und Zusatzveranstaltungen an.

Puster- und **Fleimstal** bieten ein verzweigtes Loipennetz, unzählige Kunst-, Natureis- oder Rodelbahnen sorgen für Abwechslung. Immer populärer werden geführte Schneeschuhwanderungen, man erkundige sich bei den örtlichen Skischulen.

Unterkunft

Die Hotels, Pensionen und Gasthöfe Südtirols sind in Kategorien eingeteilt, was zwar einiges über den Komfort, aber wenig über die Preise aussagt. Detaillierte Informationen gibt es bei den örtlichen Tourismusvereinen; viele Hotels bieten auf Jahreszeit und Region abgestimmte Pauschalangebote an, wie Wanderwochen, Fitnesstage, »Weiße Wochen«. Ausgewählte Wanderhotels findet man unter www.wanderhotels.com, Familienhotels unter www.familienhotels.com. Einen Katalog zu Urlaub auf dem Bauernhof erhält man beim

Südtiroler Bauernbund, Schlachthofstraße 4/D, 39100 Bozen, Tel. 04 71 99 93 08, Fax 04 71 98 11 71; www.roterhahn.it

Urlaub nach Schlossherrenart

Die Versuchung, einmal hochherrschaftlich in einer mittelalterlichen Burg oder einem historischen Schloss zu wohnen, ist in Südtirol riesengroß. Es gibt mehr als 350 Burgen und Schlösser; manche sind längst verfallen, in einigen Halbruinen finden sich Schänken, so dass man in alten Mauern in landschaftlich reizvoller Umgebung eine zünftige Jause genießen kann. Andere werden museal genutzt, und einige sind zu luxuriösen Schlosshotels umgebaut worden – ein besonderes Vergnügen, sich in einem bequemen Bett in historischen Gemäuern zur Nachtruhe zu begeben, morgens fürstlich zu frühstücken und abends stilgerecht im Festsaal aus der Ritterzeit zu tafeln. Urlaub nach Schlossherrenart bieten z. B.:

Gasthof in Kastelruth

Schloss Korb, Hocheppaner Weg 6, Missian (Eppan), Tel. 04 71 63 60 00, Fax 04 71 63 60 33, www.highlight.hotels.com/korb. ○○○

▮ **Schloss Rundegg,** Schennastr. 2, Meran-Obermais, Tel. 04 73 23 41 00, Fax 04 73 23 72 00, www.rundegg.com. ○○○

▮ **Fragsburg,** Fragsburgerstr. 3, Meran, Tel. 04 73 24 40 71, Fax 04 73 24 44 93, www.fragsburg.com. ○○–○○○

▮ **Schloss Englar** (garni), Pigenostr. 42, St. Michael (Eppan), Tel. 04 71 66 26 28, Fax 04 71 66 04 04, www.schloss-englar.it. ○○

Auskünfte und Prospekte sind bei **Südtirol Marketing** (s. S. 100) erhältlich.

Campingplätze

An die 40 Campingplätze gibt es in Südtirol und den Dolomiten. Ein Gesamtverzeichnis kann man bei Südtirol Marketing (s. S. 100) bestellen.

Reisewege

Mit dem Auto

Verkehrsknoten für die Anreise ist Innsbruck, von wo die mautpflichtige Brennerautobahn A 22 den Alpenhauptkamm quert (Vignette und Maut für Europabrücke sowie in Italien). Mit Staus, nicht nur in der Hauptreisezeit, ist auf dieser Haupttransitroute immer zu rechnen. Auch die kurvenreiche alte Brennerstraße ist oft völlig überlastet. Mögliche Alternativen sind die weniger befahrenen, steilen Pässe Reschen und Timmelsjoch. Von Osten her führt die Tauernautobahn oder der Felbertauerntunnel via Lienz ins Hochpustertal. Viele Pässe in Südtirol sind ab Wintereinbruch gesperrt.

Mit Bahn und Bus

Täglich verkehren IC- und ICE-Züge zwischen Deutschland, Österreich, der Schweiz und Südtirol (Bozen). DB-Autozüge fahren ab Hamburg, Hannover, Berlin, Köln, Frankfurt/M., Neu Isenburg und Dortmund nach Bozen. Kinder zahlen in Italien den halben Fahrpreis. Über weitere Vergünstigungen geben die DER-Reisebüros sowie die DB AG Auskunft (www.bahn.de).

Zwischen München bzw. Innsbruck und Südtiroler Fremdenverkehrsregionen bestehen Fernbusverbindungen (Infos in größeren Reisebüros).

Mit dem Flugzeug

Die nächstgelegenen internationalen Flughäfen sind Bozen (Dolomiti), Innsbruck (Kanebitten), Bergamo (Orio al Seio), Verona (Valerio Catullo) oder Mailand (Malpensa, Linate).

Karte Seite 32

*Bozen

Stadt der Gegensätze

Vor dem Bau des Kuntersweges durch die Eisackschlucht im 15. Jh. kam man über den Kaiserweg am Ritten nach Bozen (Bolzano; 266 m; 100 000 Einw.). So sollte man es auch heute wieder halten und die großen Verkehrszubringer meiden – weil der erste Eindruck sonst nicht unbedingt schmeichelhaft ausfällt: Eine Autobahn auf Betonstelzen und die lärmende Industriezone haben der Landeshauptstadt viel von ihrem einstigen Charme genommen.

Wer kann, reist aus dem Sarntal an, durch die Talferschlucht direkt hinein in das historische Herz der Stadt. Weinberge umrahmen den Talboden, der sich bei Runkelstein unvermittelt öffnet, über den Dächern zeigt sich der durchbrochene Spitzhelm des Doms, jenseits der Etsch schließt der Mendelkamm den Horizont ab.

Und dann ist man mitten im alten Bozen mit seinen malerischen Plätzen, den berühmten Lauben und dem Obstmarkt, einem einzigen Augen- und Gaumenschmaus. Historische Mauern, pulsierendes Leben und ein Hauch von südländischem Ambiente – die schönste Seite der Südtiroler Hauptstadt.

In Bozens Altstadt dominieren freskengeschmückte Erker und Hausfassaden

Geschichte

Historisch gesehen ist Bozen eher ein »Emporkömmling«. Hauptstadt Südtirols erst seit der Teilung Tirols (1919) und Bischofssitz seit 1964, war die Stadt durch die verkehrsgünstige Lage am Brenner- und Reschenweg als Handelsstadt zwar früh zu Wohlstand gekommen, stand aber politisch stets im Schatten von Meran und später von Innsbruck. Doch zum Millennium zeigte Bozen neues Selbstbewusstsein: eigener Flughafen, eigene Uni, eigenes Opernhaus.

Die Besiedlung im Raum Bozen lässt sich bis ins 1. Jahrtausend v. Chr. zurückverfolgen, auch eine römische Militärstation »Pons Drusi« ist um 15 v. Chr. verbürgt. Nach der Völkerwanderung ließen sich in der Gegend um Bozen die Bajuwaren nieder; im 7. Jh. wurde »Castellum Bauzanum« als Residenz eines bajuwarischen Grenzgrafen erwähnt. 1363 fiel Bauzanum mit dem restlichen Tirol Österreich zu. Seit dem Mittelalter blüht der Handel, begünstigt von Bozens Verkehrslage am Zusammenfluss von Talfer, Eisack und Etsch.

Eine ständige Ausstellung im **Merkantilpalast** beleuchtet die Entwicklung Bozens zur Handelsstadt (Laubengasse 39; Mo–Sa 10 bis 12.30 Uhr).

Karte Seite 32

Farbenprächtiger Obstmarkt

Sehenswürdigkeiten

In der Altstadt

Den Stadtrundgang beginnt man am besten auf dem **Walther-Platz ❶**, unweit des Bahnhofs. Die Autos sind hier seit ein einigen Jahren in den Untergrund verbannt. Auf der Piazza thront die Marmorstatue des Dichters und Minnesängers Walther von der Vogelweide (Heinrich Natter, 1889).

An der Südwestseite des Platzes steht die Stadtpfarrkirche, seit 1964 auch ***Dom ❷**. Mit ihrem spätgotischen Turm erinnert sie an süddeutsche Münsterbauten. Zu Recht, war es doch der Schwabe Hans von Schussenried, der zwischen 1501 und 1519 den filigranen Turmaufsatz errichtete. Begonnen wurde der Bau bereits im ausgehenden 13. Jh.; zwischen 1380 und 1420 entstand der lichte Umgangschor. Das Hauptportal an der Westseite wurde 1499 von lombardischen Steinmetzen erneuert und erhielt eine Vorhalle mit zwei Säulen tragenden Löwen; der plastische Schmuck am Leitacher Törl erinnert an ein altes Privileg zum Weinausschank.

Der erste Spaziergang führt vom Walther-Platz über den Kornplatz (Waaghaus mit freskengeschmückter Fassade), auf den links die Silbergasse mündet, in die berühmten ***Lauben ❸**, das merkantile Herz des alten Bozen. Wohl jeder Südtirolbesucher unternimmt einen Bummel durch die Arkaden mit den eleganten Geschäften. Hier herrscht fast immer ein beachtliches Gedränge. Die Enge der Laubengasse und die schmalen Fassaden verraten den mittelalterlichen Ursprung der meist aus dem 17. oder 18. Jh. stammenden Geschäftshäuser.

Für Gaumenfreuden sorgt am anderen, westlichen Ende der Lauben der ***Obstmarkt ❹**, der bereits Goethe beeindruckte. Mit seinem mediterranen Flair und reichen Angebot ist er auch heute ein Muss für jeden Bozenbesucher.

Nach Osten mündet die Laubengasse in den Rathausplatz. Das **Naturmuseum** im ehemaligen Amtshaus Kaiser Maximilians I. informiert über die Geologie Südtirols und die Entwicklung seiner verschiedenen Lebensräume (Bindergasse 1; Di–So 10–18 Uhr).

Von der stadtauswärts führenden Bindergasse mit den hübschen Wirtshausschildern geht links die schmale, von alten Häusern gesäumte Dr.-Streiter-Straße ab.

Die Kirche des Deutschen Ordens **St. Georg ❺**, ein zierlicher Bau (um 1400), steht ganz in der Nähe. Romanischen Kernbestand hat das um 1300 veränderte Kirchlein **St. Johann im Dorf ❻**, ein Beispiel für den Typus der »Bozner Chorturmkirchen«. Den Innenraum schmückt ein *Freskenzyklus aus dem 14. Jh., der von verschiedenen Künstlern stammt.

Höhepunkte im Innern des Bozner Doms: Umgangschor und Kanzel

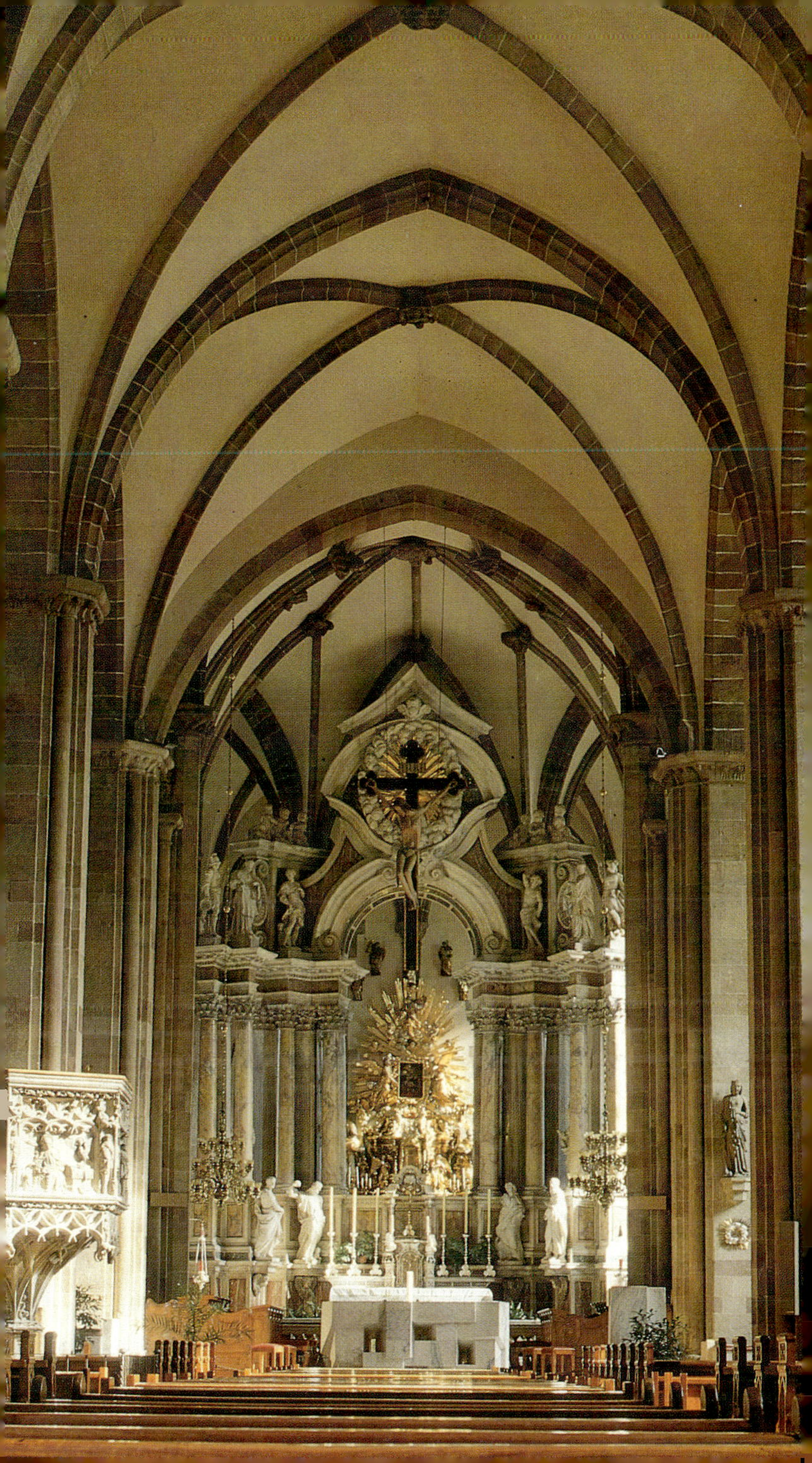

Karte Seite 32

Das Verkehrsamt veranstaltet regelmäßig **Stadtführungen** und **Wanderungen** zu Zielen in der Umgebung. Ermäßigten Eintritt ermöglicht die **Museumcard** (€ 2,50).

Über die Vintlerstraße nach Westen sind es nur ein paar Schritte zum **Franziskanerkloster ❼**. Im *Kreuzgang, um 1350 entstanden und im 15. Jh. eingewölbt, plätschert ein Brunnen und man kann die herrlichen Fresken in Ruhe genießen. Im lichten, hohen Chor (Mitte 14. Jh.) im Stil der Bettelordensarchitektur steht eine besondere Kostbarkeit: der spätgotische *Weihnachtsaltar des Brixner Meisters Hans Klocker (um 1500).

Auch der Dominikanerorden hatte in Bozen seit dem 13. Jh. eine Niederlassung. Die **Dominikanerkirche ❽** und der Kreuzgang sind gotisch, künstlerisch herausragend die von Giotto beeinflussten *Fresken in der Johanneskapelle (1330–1340).

Wie stark Südtirol von der Gotik geprägt wurde, belegen auch viele Exponate des ***Stadtmuseums ❾**. Archäologische Zeugnisse, Altäre, Bilder, Trachten und alte Bauernstuben veranschauluchen darüber hinaus die kulturhistorische Entwicklung des Landes (Sparkassenstraße 14; wegen Umbau bis 2009 geschlossen).

Schräg gegenüber fand der berühmte jungsteinzeitliche Eismann »Ötzi« (s. S. 68, www.iceman.it) 1998 im ***Südtiroler Archäologiemuseum**

❶ Walther-Platz
❷ Dom
❸ Lauben
❹ Obstmarkt
❺ St. Georg
❻ St. Johann im Dorf
❼ Franziskanerkloster
❽ Dominikanerkirche
❾ Stadtmuseum
❿ Museum für Moderne Kunst
⓫ Schloss Maretsch
⓬ Benediktinerstift Muri-Gries
⓭ Alte Pfarrkirche von Gries

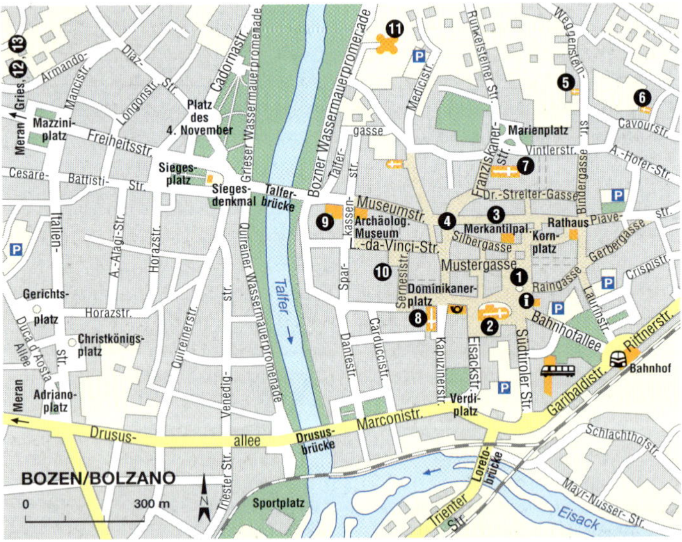

Karte Seite 32

seine endgültige Ruhestätte, andere Originalfunde und Rekonstruktionen dokumentieren anschaulich das damalige Leben (Museumstr. 43; Di–So 10–18 Uhr, Juli, Aug., Dez. tgl.).

Die wechselnden Ausstellungen im **Museion – Museum für Moderne Kunst** ⑩ an der Sernesistraße 1 widmen sich ganz dem 20. und 21. Jh., und zwar demnächst in einem architektonisch interessanten, bereits 2003 begonnenen Neubau (www.museion.it; Di–So 10–18, Do–20 Uhr).

Vom Städtischen Museum ist es nicht weit zur Talfer, deren großes Bett von den Boznern als Naherholungsgebiet genutzt wird. Auf den Dammkronen, der Grieser und der Bozner Wassermauer, lässt es sich gut flanieren, etwa zum **Schloss Maretsch** ⑪. Die Anlage mit ihren vier Ecktürmen und dem massigen Bergfried inmitten von Weingärten gestaltet sich malerisch; die mittelalterlich anmutende Burg stammt im Wesentlichen aus dem 16. Jh.; heute verbirgt sich hinter den dicken Mauern ein modernes Kongress- und Tagungszentrum.

Westlich der Talferbrücke

Das umstrittenste Bauwerk Bozens steht gleich jenseits der Talferbrücke: das **Siegesdenkmal,** ein mächtiger Triumphbogen. Unter Mussolini aufgestellt, ist es immer mal wieder das Ziel von (bisher fehlgeschlagenen) Attentaten – und ein ewiger Zankapfel zwischen den Bevölkerungsgruppen. Hinter dem Monumento della Vittoria beginnt das andere Bozen, von den Faschisten als neues Zentrum der Stadt geplant.

Die Fortsetzung der Freiheitsstraße (Corso Libertà) führt schnurgerade nach Gries. Nicht nur Kunstfreunde steuern hier zielsicher den mächtigen Gebäudekomplex des **Benediktinerstifts Muri-Gries** ⑫ an. In der Stiftskirche verdienen vor allem die *Deckengemälde, ein Hauptwerk (1771–1773) von Martin Knoller, Beachtung.

Berühmt sind die Weine des Benediktinerstifts **Muri-Gries** (s. o.), besonders der süffige »Lagrein Kretzer« und der »Dunkle Lagrein« (Grieser Platz 21, Tel. 04 71 28 22 87, www.muri-gries.com).

Etwas höher zum Hang hin steht die **Alte Pfarrkirche** ⑬ von Gries, urkundlich erstmals 1141 erwähnt, später gotisch umgebaut. Und Gotik gibt es auch innen zu bewundern: den berühmten **Flügelaltar der Marienkrönung (1471–1475) von Michael Pacher – wohl das bedeutendste, leider nicht mehr vollständig erhaltene Werk seiner Art in Südtirol. In den ausdrucksstarken Schreinfiguren und dem reichen Faltenwurf beweist Pacher seine ganze Meisterhaftigkeit; durch Baldachin tragende Engel schuf er eine Illusion von Tiefe. Die fünfzehn Gemälde auf der Rückseite des Schreins mit Szenen aus dem Leben Jesu stammen von einem unbekannten Künstler und werden um 1480 datiert (Mo–Fr 10.30–12, 14.30 bis 16 Uhr, 1.11.–31.3. geschl.).

Infos

Städtisches Verkehrsamt, Walther-Platz 8, 39100 Bozen, Tel. 04 71 30 70 00, Fax 04 71 98 01 28, www.bolzano-bozen.it; Mo–Fr 9 bis 18.30, Sa 9–12.30 Uhr. Ab drei Übernachtungen erhält man einen Gästepass mit vielen Vergünstigungen.

Parkmöglichkeiten: Große Parkgarage unter dem Walther-Platz sowie Parkplatz beim Schloss Maretsch, 5 Min. zur Altstadt.

Karte Seite 32

Bahnverbindungen: Stazione FS, Tel. 04 71 97 42 92. An der Brennerlinie, direkt nach Innsbruck – München sowie Meran, Brixen und Trient.
Flughafen: Bolzano-Dolomiti, Tel. 04 71 25 52 55, www.abd-airport.it.
Busverbindungen: mit allen Orten der Umgebung. Während der Saison tgl. Rundfahrten (Dolomiten, Überetsch, Gardasee usw.).
Seilschwebebahnen: Jenesien (1087 m), Ritten (1220 m) und Kohlerer Berg (1136 m).

Parkhotel Laurin, Laurinstr. 4, Tel. 04 71 31 10 00, Fax 04 71 31 11 48, www.laurin.it. Das erste Haus am Platz, bestens geführt, mit schönem Park. Im Jugendstil-Restaurant »Belle Époque« wird man auch kulinarisch verwöhnt. ❍❍❍
▮ **Greif,** Walther-Platz, Tel. 04 71 31 80 00, Fax 04 71 31 81 48, www.greif.it. 33 von Künstlern gestaltete und mit modernster Technik ausgestattete Zimmer hinter historischer Fassade. ❍❍❍
▮ **Stadthotel Città,** Walther-Platz 21, Tel. 04 71 97 52 21, Fax 04 71 97 66 88, www.hotelcitta.info. 2001 renoviertes, zentrales Stadthotel mit historischem Flair und Wellnessbereich. ❍❍
▮ **Weißes Kreuz,** Kornplatz 3, Tel. 04 71 97 75 52, Fax 04 71 97 22 73. Das 1-Sterne-Hotel liegt »centralissimo«. Blitzsaubere 1950er-Jahre-Zimmer. Günstig und freundlich. ❍

Gelateria Avalon, Freiheitsstr. 44. Paolo Colettos Natureis wird von Kennern als das beste von ganz Südtirol gerühmt.

Fink, Mustergasse 9, Tel. 04 71 97 50 47. In der gemütlichen Gaststube kommen schmackhafte regionale und italienische Gerichte auf den Tisch. ❍❍
▮ **Batzenhäusl,** Andreas-Hofer-Straße 30, Tel. 04 71 97 61 83. Die richtige Adresse für Leute, die eine angenehme Atmosphäre und ein bodenständiges, preiswertes Essen schätzten. Nur abends geöffnet. ❍

Im **Waltherhaus** beim Bahnhof finden regelmäßig Theater, Kabarett und andere kulturelle Veranstaltungen statt. Schlernstraße 1; Infos beim Städtischen Verkehrsamt.

Disco Okay, Gilmstr. 4, 04 71 97 02 24, www.disco-okay.com. Auch Live-Events. Mi–Sa.
▮ **Laurin Bar,** Laurinstr. 4, Tel. 04 71 31 10 00. Live-Jazz in der Bar des gleichnamigen Hotels (s. links).
▮ **Filmclub,** Dr.-Streiter-Gasse 8/d, Tel. 04 71 97 42 95, Filmclub. Modernes 3-Saal-Kino mit anspruchsvollerem Programm.

Mit einem vielfältigen Angebot warten die Geschäfte in den Bozner Lauben auf. Hochwertige Andenken wie Glasmalerei, Handarbeiten, Keramik und Schnitzereien findet man bei den **Südtiroler Werkstätten** (Nr. 39, Tel. 04 71 97 85 90, www.suedtiroler.werkstaetten.it).
▮ Weinfreunden seien die **Vinotheque** von Alois Lageder, einem der herausragenden Südtiroler Winzer (Drususallee 122) und die **Enoteca Enovit** (Dr.-Streiter-Gasse 30) empfohlen.
▮ In Kardaun (3 km von Bozen am Eingang ins Eggental) gibt's bei der **Bäckerei Herbst** eine Südtiroler Spezialität: Schüttelbrot – würziges getrocknetes Brot in Fladenform.

Spaziert man bei schönem Wetter am (frühen) Abend hinauf zur **Guntschnapromenade,** kann man dem bezaubernden »Alpenglühen« am Rosengarten zuschauen.

Karte Seite 71

Rebhänge prägen das Landschaftsbild um Bozen

Schloss Runkelstein thront über der Talferschlucht

Ausflüge

Jenesien

Das Bauerndorf Jenesien (San Genesio Atesino; 1087 m) am Südrand des ***Salten** war noch vor garnicht langer Zeit nur über eine Seilbahn (Talstation an der Sarntaler Straße) mit dem Bozner Talkessel verbunden. Das hat weder dem Ortsbild noch der Umgebung geschadet: Anders als der benachbarte Ritten ist der Salten ein erfreulich verkehrsarmes Wanderrevier geblieben. Hier gibt es noch mehr Bauern als Hoteliers, ein intaktes Wald- und Almgebiet. Lärchenwiesen und Haflingerpferde gehören ebenso zu Salten-Wanderungen wie Fernblicke bis in die Dolomiten und zum Ortler. Beliebtestes Ausflugsziel am höchsten Punkt des Höhenrückens ist das Kirchlein ***St. Jakob** auf der Langfenn (1527 m; 2 Std. von Jenesien) mit romanischem Baubestand.

**Schloss Runkelstein

Bozens schönste Burg (361 m) thront auf einem schroffen Felsen am Ausgang der Talferschlucht. Ab 1237 erbaut, erlebte die Feste ein wechselvolles Schicksal: Eine Pulverexplosion (1520), eine Feuersbrunst (1672), der Einsturz einer Mauer nach Sprengung beim Bau der Sarntaler Straße und Restaurierungen des 19. Jhs. sowie Um- und Ausbauten veränderten die Bausubstanz stark.

Restauriert wurde der kostbare ****Freskenschmuck** im Westpalast und im Sommerhaus – Bilder aus der ritterlichen Sagenwelt und Szenen aus dem Leben des Adels – ist den Bozner Gebrüdern Vintler zu verdanken, die der Burg ab 1386 zu neuer Blüte verholfen hatten (Di–So 10 bis 18 Uhr, Juli–Sept. bis 20 Uhr).

Oswaldpromenade

Der Besuch von Runkelstein lässt sich mit einem Spaziergang über die Oswaldpromenade verbinden. Zunächst hat man Aussicht auf die Stadt; zwischen dem höchsten Punkt der Promenade, bei zwei auffallenden Porphyrzacken, und St. Magdalena (382 m) wird der Blick auf den Rosengarten, König Laurins versteinertes Zauberreich, frei. Die kleine Kirche aus dem 13. Jh. ist ein beliebtes Südtiroler Foto- und Kalendermotiv, im Innern sind sehenswerte Fresken aus dem 13./14. Jh. erhalten.

Karte Seite 71

In dem winzigen Weindorf **St. Magdalena** kommt man nicht an dem berühmten Roten vorbei. Im Trogerhof von Pepi Staffler empfiehlt es sich, den klassischen »Magdalener« zu verkosten (St. Magdalena 27/a, Tel. 04 71 97 76 85).

*Ritten

Rund 1000 m über dem Talkessel von Bozen erstreckt sich dieses nach Norden allmählich ansteigende weite Hochplateau des Ritten (Renon, www.ritten.com). Schon im 16. Jh. errichteten die Bozner Patrizier auf dem vom Klima begünstigten Hausberg die ersten Sommerhäuser. Funde von 49 vorgeschichtlichen Wallburgen an den Ausläufern des Rittner Horns (2260 m) weisen auf ein uraltes Siedlungsgebiet hin. Den Römern diente der sichere Übergang als Handelsweg. Und die deutschen Kaiser benutzten ihn auf ihren Krönungszügen in Richtung Süden. Bei **St. Justina** sind noch Steinplatten des alten Kaiserwegs erhalten.

Das nostalgische Rittner Schmalspurbähnchen zuckelt zwar noch immer von Oberbozen nach Klobenstein, eine neuere Seilbahn schwebt vom Bozner Vorort Rentsch (302 m) in luftige Höhen, doch das Gros der Besucher kommt über die breite Straße auf den Ritten. Sie verzweigt sich zwischen Unterinn und Lengmoos mehrfach und führt sogar über Lengmoos nach Barbian und via Wangen ins Sarntal.

Außerhalb der Saison – im Frühling, wenn auf den Almböden die Krokusse blühen, oder im Spätherbst, wenn sich die Lärchenwälder gelb und rot verfärben und die Bergspitzen bereits schneeüberzogen sind – entfaltet der Ritten auf den Wanderwegen zwischen Lengmoos (1164 m), Bad Süß (1430 m) und Oberinn (1300 m) seinen ganzen Zauber.

Naturwunder Erdpyramiden am Ritten

Hauptort des Ritten ist **Klobenstein** (Collalbo; 1154 m), 19 km von Bozen und Endstation der Rittner Bahn. Wie in Oberbozen (1221 m) und in Mariä Himmelfahrt (1192 m) entdeckt man auch hier zahlreiche, vorwiegend aus dem 17./18. Jh. stammende Sommerhäuser reicher Bozner Familien.

Im Hof des Deutschordenhauses finden alljährlich Ende Juli bis Mitte August die **Rittner Sommerspiele** mit Theater und Konzerten statt (Infos: Tel. 04 71 35 61 00).

Ein Naturwunder sind die bis zu 30 m hohen ***Erdpyramiden** im Graben des Finsterbachs, unterhalb der nach Lengstein (970 m) weiterführenden Straße: ein ganzer Wald von schlanken, aus dem Moränenschutt erodierten Türmen. Überall dort, wo ein größerer Stein den Unterbau schützt, wachsen diese bizarren Erdformen, die man am Hang über dem Katzenbach auch von der Rittner Seilbahn aus sehen kann.

Karte Seite 71

Weniger zahlreiche Erdpyramiden gibt es außerdem bei Unterinn und bei Pemmern.

Auf halbem Weg von Oberbozen nach Lengmoos birgt **Wolfsgruben** (1204 m) ein originelles Imkereimuseum, den Bienenhof Plattner (April–Okt. tgl. 10–18 Uhr).

*Sarntal

Das Sarntal (Valle Sarentina, www.sarntal.com) liegt nicht nur geographisch im Zentrum Südtirols, hier ist man der Heimat von Andreas Hofer und Luis Trenker etwas näher als andernorts in der Alpenregion. Das Tal ist ein ebenso weitläufiges wie abwechslungsreiches Wander- und Ausflugsgebiet; es steht heute größtenteils unter Naturschutz. Moderne Zweckarchitektur findet sich kaum, auch nur wenige Wintersportanlagen, dafür viele alte stattliche Bauernhöfe. So manches Gasthaus stand lange, bevor die ersten Fremden das Tal besuchten. Für die war es früher nicht ganz einfach hinzukommen, riegelt doch eine mächtige Porphyrschlucht den Eingang zum Sarntal ab, und die Straße übers Penser Joch gibt es auch erst seit den dreißiger Jahren des 20. Jhs. In dieser von der Außenwelt relativ abgeschirmten Gegend hat sich viel bäuerliches Brauchtum erhalten, so auch die traditionelle Tracht. Die Sarner sind bekannt für ihren Witz und ihre Schlagfertigkeit; in ihrem Wesen verbinden sich, wie ein Kenner treffend schrieb, »Rauheit und beißender Mutterwitz, Bosheit und kindliche Naivität, Unnahbarkeit mit stolzer Betonung der eigenen Herkunft«.

Hauptort der Talschaft ist **Sarnthein** (Sarentino; 961 m; 6300 Einw.), mit über 300 km² die größte Gemeinde Südtirols, bei den Einheimischen schlicht das »Dorf« genannt. Im eng gebauten Kern stehen noch mehrere Häuser, die auf das 14. Jh. zurückgehen; aus gotischer Zeit stammen auch die *Fresken in der Kirche St. Cyprian.

Eine fast unversehrte Idylle mit klarem Gebirgssee (15 km) bietet das innere ***Durnholzer Tal.**

Blond und g'scheit

Auf den weiten Almwiesen über dem Tal der Talfer stößt man immer wieder auf einen berühmten Sarner: den Haflinger. Die kleinen, blondmähnigen Gebirgspferde gelten als ausgesprochen genügsam, sie »machen alles, verstehen alles, nur Zeitung lesen können sie nicht«. Die Zucht, ursprünglich im Vinschgau beheimatet, ist seit gut 100 Jahren nachweisbar. Heute gibt es im ganzen Land gut ein Dutzend Zuchtgenossenschaften. In den Dörfern rund um das Sarntal – in Hafling, Mölten und Ritten – werden besonders viele der kräftigen Pferde gezüchtet.

Karte Seite 40

*Brixen

Klein, aber fein

Der Süden beginnt erst in Brixen (Bressanone; 560 m, 19 000 Einw.), nicht oben am Brenner, dem »Tor zum Süden«. Sterzing ist noch ganz alpin geprägt; erst hinter der Sachsenklemme weitet sich das Eisacktal, spürt man einen ersten mediterranen Hauch. An den sonnigen Hängen über der Kleinstadt gedeiht der Wein, und im Eisacktal wird Obst angebaut.

Bei der Anfahrt von Norden zeigt sich kurz der graue Dolomitfels der Geislerspitzen. Und einen herrlichen Aussichtsberg hat man direkt vor sich: die Plose (2504 m), im Winter Skirevier. Im Sommer kommen die meisten des großartigen Panoramas wegen, denn das kann sich wirklich sehen lassen. Bezaubernd ist aber auch der Blick auf Brixen, auf seinen fast quadratischen Siedlungskern mit dem doppeltürmigen Dom – ein historisches Ensemble, das ein Jahrtausend Geschichte umfasst und diese Spanne auch unübersehbar in der Architektur repräsentiert.

Geschichte

Besiedelt war die Gegend um Brixen schon in prähistorischer Zeit; Funde weisen auf die steinzeitliche Siedlung »Stufels«, ca. 7000 v. Chr., hin. Erhalten ist die Schenkungsurkunde aus dem Jahre 901, in der der deutsche König Ludwig das Kind dem Bischof von Säben den Mairhof »Prichsna« übertrug. Um 990 wurde der Bischofssitz nach Brixen an die Brennerstraße verlegt. Um diese wichtige Nord-Süd-Achse ihres Reichs zu sichern, gründeten Heinrich II. und Konrad II. die Fürstbistümer Trient (1004) und Brixen (1027).

Bürgerlichen Wohlstand repräsentieren die Hausfassaden

Zwei Persönlichkeiten prägten die Geschichte Brixens an der Wende vom Mittelalter zur Neuzeit: Der Kardinal und Humanist Nikolaus Cusanus (1401–1464) überwarf sich mit dem Landesherrn von Tirol, Sigmund dem Münzreichen, und genoss, auch weil er das Tanzen auf Hochzeiten verbot, bei der Bevölkerung wenig Sympathien. 1525 wurde Brixen zum Zentrum der Bauernkriege unter dem Bauernführer Michael Gaismair; der Aufstand wurde niedergeworfen. Nach der Säkularisation (1803) regierten die Bayern von 1806 bis 1813. Die Befreiungskämpfe gegen die verhasste Fremdherrschaft waren erst 1814 erfolgreich, als Brixen wieder an Tirol fiel.

Heute zählt das Städtchen rund 12 500 Einwohner, die Gemeinde (zu der mehrere Orte der Umgebung gehören) rund 19 000.

Sehenswürdigkeiten

Die Brixner Altstadt bildet im Wesentlichen ein Viereck am Eisackfluss, mit der Bischöflichen Hofburg in der Südwestecke und dem Domkomplex im Zentrum. Der Domplatz verdeutlicht

Geistliches Zentrum Brixens: der Dom

die alten Herrschaftsverhältnisse ganz gut: hier die Burghäuser als Repräsentanten bürgerlichen Wohlstands, dort der Dom als geistliches Zentrum.

Der Dom ❶

Am Grundriss der 1745–1754 errichteten Barockkirche Mariä Himmelfahrt erkennt man noch den romanischen Vorgängerbau. Die klassizistische Vorhalle von Jakob Pirchstaller erhielt der doppeltürmige Dom um 1783.

Der mächtige einschiffige Innenraum verdankt seine Wirkung vor allem dem reichen Dekor. Und da wurde nicht gespart; der Marmor der Altäre stammt teilweise aus Afrika, Sizilien, Korfu und Genua. An der Ausstattung waren namhafte Künstler ihrer Zeit beteiligt, Theodoro Benedetti als Stuckateur und Altarbauer, Michelangelo Unterperger, der u. a. das Altarblatt des Hauptaltars malte, Dominikus Moling als Bildhauer, vor allem aber Paul Troger, den man aus Wien holte, »weilen sein Pemsl (Pinsel) in ganz Europa berüemt war«. Er schuf die monumentalen ***Deckenfresken** (1745–1754); das Gemälde im

Der Kreuzgang ist überreich mit prächtigen Fresken ausgemalt

Langhaus, »Anbetung des Lammes«, hat immerhin eine Fläche von 250 m².

Ein kulturhistorisches Juwel ist der ****Kreuzgang,** der um 1200 als Teil des alten Münsterkomplexes entstand und um 1370 eingewölbt wurde; die romanischen und frühgotischen Fresken gingen dabei größtenteils verloren, der heutige Bilderzyklus zeigt die Entwicklung der gotischen Malerei in Tirol vom Ende des 14. bis zum Anfang des 16. Jhs. Die meisten Fresken stammen von dem konservativen Meister Leonhard von Brixen (um 1470), der einen eher volkstümlichen Stil pflegte und bestimmte Entwicklungen in der Malerei, wie etwa die Perspektive, ignorierte (Dom und Kreuzgang: tgl. 9–12, 15–18 Uhr).

Von Ostern bis Allerheiligen finden Mo–Sa um 10.30 und 15 Uhr **Führungen** durch Dom und Kreuzgang statt.

Am Domplatz

Neben dem Dom, im Winkel zwischen der ehemaligen Bischofsresidenz (heute Gericht) und dem Kreuzgang, liegt die **Liebfrauenkirche,** ursprünglich Hauskapelle des Bischofs; vom Südflügel des Kreuzgangs aus betritt man die ***Johanneskirche;** der originelle Bau (Anfang 13. Jh.) mit seinem rechteckigen Schiff, über das sich ein hohes Zeltdach spannt, bewahrt her-

Karte Seite 40

Karte Seite 40

vorragende gotische *Fresken, die zwischen 1250 und dem frühen 15. Jh. entstanden (die Kirche ist meist geschlossen; den Schlüssel bekommt man vom Messner).

Nördlich des Doms gehört die eher bescheidene **Pfarrkirche ❷** auch zum Ensemble des Domplatzes; ihr hoher »Weißer Turm« ist ein Wahrzeichen der Stadt. Den Platz zwischen Pfarrkirche und Dom nimmt der alte Friedhof ein, heute eine Grünfläche mit einer bildstockartigen Totenleuchte (1483) und einem Gedenkstein, den der Minnesänger Oswald von Wolkenstein noch zu Lebzeiten (1408) in einer von ihm gestifteten Kapelle des alten Doms anbringen ließ und der ihn in voller Rüstung zeigt.

Noch weiter zurück in die Geschichte weist die **Jahrtausendsäule** an der Südwestecke des Domplatzes, die an die Stadtgründung in dem Jahr 901 erinnert.

*Bischöfliche Hofburg ❸

Das mächtige Geviert hinter der Jahrtausendsäule war bis 1972 Residenz des Bischofs von Brixen. Der Kernbestand samt Wassergraben geht auf das 13. Jh. zurück, die heutige Anlage zeigt einen Renaissancepalast (1591 bis 1600), der Bogengalerien umschließt. In den Pfeilernischen des ersten Stocks repräsentieren die 24 Terrakottafiguren, zwischen 1594 und 1600 von Hans Reichle entworfen, Mitglieder des Hauses Habsburg und ihrer Vorfahren.

Die Räumlichkeiten der Hofburg, teilweise noch mit Originalausstattung, beherbergen heute drei bedeutende Sammlungen: das ***Diözesanmuseum,** den ***Domschatz** (romanische und gotische Sakralkunst) und die bedeutendste ***Krippensammlung** Südtirols mit knapp 100 Exponaten. Im Diözesanmuseum wandelt man durch die Jahrhunderte; der Bogen der vorwi-

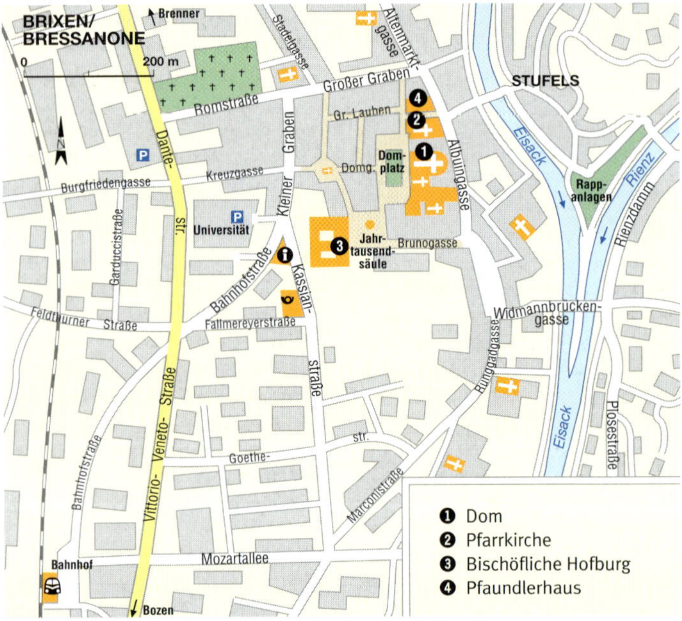

gend sakralen Exponate spannt sich von der Vorromanik über die Gotik (u. a. Arbeiten von Hans Klocker, Meister Leonhard von Brixen, Michael Pacher), Renaissance und Barock (Paul Troger) bis in die Gegenwart (Mitte März bis Ende Okt. Di–So 10–17 Uhr, Krippensammlung 27.11.–19.12. 10–17 Uhr, 20.12.–31.12. 14–17 Uhr).

Rund um den Dombezirk

Der seit dem 11. Jh. ummauerte und heute nahezu autofreie historische Stadtkern erstreckt sich rund um den Dom. Die wettergeschützten Großen und Kleinen Lauben laden zum Flanieren ein; dabei gibt es immer wieder hübsche architektonische Details zu entdecken, wie den dreiköpfigen »Wilden Mann«, eine Holzplastik (16. Jh.) am Gasthaus Schwarzer Adler. Die Bürgerhäuser aus dem 16./17. Jh. besitzen vielfach polygonale Erker und Zinnen. Schönstes Beispiel ist das spätgotische ***Pfaundlerhaus** ❹ (Gorethhaus) von 1581 mit prächtiger Renaissancefassade.

Wer von all dem Schauen durstig geworden ist, darf dem Rat des hl. Kassian (Mittelfigur auf der Domvorhalle) folgen. Der weist nämlich, so der Brixner Volksmund, direkt zum **Finsterwirt** in die Domgasse. Früher wurden hier die Weine des Domkapitels ausgeschenkt. Historisches Ambiente bietet auch das Gasthaus **Fink,** das einen prähistorischen Menhir aus Tötschling im Aufgang birgt.

Geschichte über die Landesgrenzen hinaus machte das heute renommierte Hotel **Elephant.** Es verdankt seinen Namen einem Besuch des Erzherzogs Maximilian von Österreich im Jahre 1551, der neben seinem Gefolge auch einen Elefanten, ein Geschenk König Johanns III. von Portugal, mitführte.

Infos

Karte Seite 40

Tourismusverein, Bahnhofstraße 9, 39042 Brixen, Tel. 04 72 83 64 01, Fax 04 72 83 60 67, www.brixen.org

Fahrräder: kostenloser Fahrradverleih am Parkplatz Brennerstraße, Tel. 04 72 80 13 51.
Parkmöglichkeiten: Parkhaus an der Dantestraße, 5 Min. vom Domplatz entfernt; ferner zwischen Bahnhof- und Dantestraße.
Bahnverbindungen: Innsbruck, München; Bruneck–Innichen.
Busverbindungen mit allen Ortschaften der Umgebung.
Gondelbahn: St. Andrä–Kreuztal; Sessellift Plose.

Elephant, Weißlahnstr. 4, Tel. 04 72 83 27 50, Fax 04 72 83 65 79, www.hotelelephant.com. Erstklassiges, stilvolles Traditionshotel; Diätküche, Schwimmbad, Tennisplatz. ❍❍❍

▮ **Gasthof Haller,** Weinbergstr. 68, Tel. 04 72 83 46 01, Fax 04 72 20 82 94, www.gasthof-haller.com. Mitten in den Weinbergen mit Blick auf Brixen; auch gutes Restaurant. ❍

Finsterwirt, Domgasse 3, Tel. 04 72 83 53 43, www.finsterwirt.com. Traditionelle Südtiroler Küche in gediegenem Ambiente; im Sommer wird auch im Hof serviert. So abends und Mo geschl. Reservieren! ❍❍

▮ **Fink,** Kleine Lauben 4, Tel. 04 72 83 48 83. Südtiroler Spezialitäten und entsprechendes Ambiente. Di Abend u. Mi geschl. ❍❍

Dekadenz (Anreiterkeller), Obere Schutzengelgasse, Tel. 04 72 83 63 93. Theater, Jazzkonzerte.

Karte
Seite
71

Die Michaelskapelle erhielt erst im 15. Jahrhundert Wehrturm und Zinnen

In den engen Gassen des alten Stadtteils **Stufels** hat sich eine lebendige Kleinkunstszene etabliert.

Ausflüge

**Neustift

Natürlich ist Südtirols größte Klosteranlage, das Augustinerchorherrenstift Neustift (Novacella) unterhalb der Brunecker Straße links des Eisacks, auch über eine Straßenzufahrt zu erreichen; schöner ist es aber, den für das kulturelle Leben Tirols durch die Jahrhunderte so bedeutsamen Platz zu Fuß anzusteuern (etwa 45 Min. von Brixen-Stufels).

Weinliebhabern empfiehlt sich ein Besuch in der **Stiftskellerei Neustift**, Tel. 04 72 83 61 89, www.kloster-neustift.it/kellerei.

Beim **Brückenwirt** in der Stiftstr. 2 kann man den köstlichen klostereigenen Wein probieren.

Das 1142 gegründete Neustift blickt auf eine bewegte Vergangenheit zurück. Noch vor Ende des 12. Jhs. zerstörte ein Großbrand die erste Klosteranlage; während der Bauernkriege und nach der Säkularisation wurde sie geplündert. Heute prägt barocker Glanz den Komplex, dessen eher dekorative Ummauerung als Schutz vor der Bedrohung durch die Türken im 15. Jh. entstand. Auch der Rundbau der **Michaelskapelle** erhielt damals Wehrturm, Zinnen und Schießscharten. Der Ziehbrunnen im Hof zeigt die Sieben Weltwunder und als achtes das Kloster selbst vor der Barockisierung im 18. Jh.

Die ***Klosterkirche** von Neustift gilt als schönster Barockbau im Land. Sehr gut gelungen ist das Zusammenspiel von Freskenschmuck (Matthäus Günther; 1735–1743) und Stuckaturen (Anton Gigl).

Neustift wartet auch mit einem über Jahrhunderte gewachsenen bibliographischen Erbe auf. Eine wahre Schatzkammer ist die ***Bibliothek,** die als prachtvollster Rokokoraum Südtirols gilt (Giuseppe Sartori; 1771–1776) und einen riesigen Fundus kostbarer alter Handschriften und Wiegendrucke hütet. Die **Gemäldesammlung** des Stifts präsentiert Tafelbilder, Altäre und Plastiken aus gotischer Zeit:

Karte Seite 71

Neustifts Klosterkirche gilt als schönster Barockbau Südtirols

u. a. von Friedrich Pacher, Mark Reichlich und dem Meister von Uttenheim (Mo–Sa 10–11, 14–16 Uhr, Führungen 10, 11, 14, 15 und 16 Uhr).

Der ***Kreuzgang** entstand an der Wende vom 12. zum 13. Jh. und wurde um 1370 mit schweren Kreuzrippengewölben ausgestattet. Ähnlich wie der Brixner Kreuzgang war er bereits vor der Einwölbung ausgemalt, erhielt aber im 15. Jh. eine neue Freskenausstattung, die wiederum im 17. Jh. weiß übertüncht wurde. Einige Wandmalereien verraten bereits Renaissanceeinfluss, wie das »Gleichnis vom reichen Prasser« (Friedrich Pacher; um 1490).

Ein typischer Südtiroler Gasthof und ein altes Weingut mit guten Weinen ist das **Weingut-Restaurant Köferhof**, Pustertaler Str. 3, Neustift, Tel. 04 72 83 64 49, Di Ruhetag. ◐–◐◐

Am Brixner Hausberg *Plose

Der Plose (2504 m) ist Wanderrevier, Aussichtswarte und Skigebiet in einem. Mehrere Straßen und Bergbahnen erschließen das Massiv. Die ***Brixner Dolomitenstraße** führt aus dem Eisacktal über Afers zum Halsl (1866 m) und weiter über das Würzjoch (2004 m) ins Gadertal (42 km; s. S. 93); bei der Häusergruppe Palmschoß (1697 m) zweigt die Zufahrt nach zum 2012 m hoch gelegenen Kreuztal ab. Hier endet auch die von St. Andrä (961 m) heraufkommende Gondelbahn. Ein Sessellift führt fast bis zum Gipfel.

**Villnößtal

Beliebtes Wanderziel von Brixen aus ist das Villnöß, kein Wunder, gehören doch die imposanten Nordabstürze der Geislerspitzen zu den attraktivsten Fotomotiven des Landes. Die Straßenzufahrt zweigt 8 km südlich von Brixen ab; sie führt über St. Peter (San Pietro) taleinwärts bis zur Zanser Alm (1680 m; 16 km) am Eingang zum **Naturpark Geisler-Puez.**

Schönste Promenade vor dem Zackenprofil der Geislerspitzen ist der **Adolf-Munkel-Weg,** an dem sich auch einer der beliebtesten Klettergärten befindet. Eine andere lohnende Wanderung verläuft von **Teis** (962 m, Mineralienmuseum) über das Jochkreuz (1350 m) und **St. Valentin** in Pradell (*Flügelaltar der Brixner Schule) auf den sonnseitigen Höhen nach St. Peter (2,5 Std.); der Rückweg führt am Kirchlein **St. Jakob** am Joch (Flügelaltar von 1517) vorbei.

Feldthurns

Auf einer Hangterrasse über dem Eisack, 8 km südwestlich von Brixen, thront Feldthurns (Velturno; 856 m, www.feldthurns.com) mit seinem Renaissancekleinod ***Schloss Velthurns** (1578–1587). Besonders sehenswert in dem ehemaligen Sommersitz der Brixner Fürstbischöfe ist das »Fürstenzimmer« mit reicher Vertäfelung, Kassettendecke und phantasievollen Intarsien. Gut 10 000 Arbeitsstunden wurden allein für die Holzarbeiten aufgewendet (Tel. 04 72 85 55 25; Führungen 1. März–Ende Nov. Di–So 10, 11, 14.30 und 15.30 Uhr.)

Karte Seite 46

**Meran

Kurstadt mit Tradition

Als 1363 die Fürstin Margarethe das Fürstentum der Grafschaft Tirol dem Habsburger Rudolf IV. übergab, en-dete die Zeit Merans als mächtige Hauptstadt Tirols. Erst ein halbes Jahrtausend später gewann sie an Bedeutung zurück, als die Meraner Kurverwaltung von der Wiener Regierung bestätigt wurde. Erst Mitte des 19. Jhs. wurde der Ort aus seinem Dornröschenschlaf erweckt: Die vornehme Gesellschaft hatte Meran als Kurort entdeckt.

Auch heute noch bezaubert die Kurstadt Meran (Merano; 35 000 Einw.) am Zusammenfluss von Etsch und Passer inmitten einer herrlichen Landschaft. Im 19. Jh. kam die Hautvolee zum Trauben-, Milch- und Molkekuren, seit 1971 kann man sich im Thermalzentrum gesund baden. Eine Attraktion ersten Ranges ist das Sisi-Schloss Trauttmansdorff mit seinem Botanischen Garten und dem Landesmuseum für Tourismus.

Geschichte

Das Burggrafenamt, so wird seit alters die Gegend um Meran genannt, war bereits lange vor Beginn unserer Zeitrechnung besiedelt; die Römer errichteten in Obermais eine Militärstation (Castrum Maiense). Aus dem Jahre 837 ist der Name Meirania als Sitz eines bayerischen Gaugrafen überliefert. Zu Bedeutung gelangte Meran aber erst durch die Grafen von Tirol aus dem Vinschgau; nach langem Kampf mit den Eppanern um die Vorherrschaft im Land gelang es ihnen schließlich, Meran zur Hauptstadt von Tirol zu erheben. Doch die Herrlichkeit dauerte nur ein Jahrhundert; nach der Abdankung der Fürstin Margarethe fiel das »Fürstentum der Grafschaft Tyrol« an die Habsburger. Um 1420 verlegte Herzog Friedrich IV. die Residenz nach Innsbruck; Meran fiel zurück in die Provinzialität und stand auch mehr und mehr im Schatten des aufstrebenden Handelsplatzes Bozen.

Als dann 1843 Erzherzog Franz Joseph, der spätere Kaiser, mit seinem Bruder Ferdinand hier zu Gast war, erlebte die Kleinstadt einen erneuten Aufschwung: Der Hof folgte Seiner Majestät, der Geldadel zog nach, und so war Meran um die Jahrhundertwende wieder berühmt, diesmal in der halben Welt, von wo es bis heute Touristen herzieht.

Sehenswürdigkeiten

Das Stadtbild von Meran spiegelt noch heute seine Geschichte, die beiden »glücklichen« Phasen seiner Entwicklung, wider: im historischen Zentrum, im Burgenparadies von Obermais, rund um das Kurzentrum und auf den Promenaden links und rechts der Passer.

Die Altstadt

Ältester Stadtteil ist Steinach mit verwinkelt-engen Gassen, die vom **Passeirer Tor** – einem der drei noch erhaltenen Stadttore – zum Pfarrplatz führen. An seiner Nordseite steht die mächtige Pfarrkirche ***St. Nikolaus ❶**, deren Turm mit seinem achteckigen Helm von 1617 das Stadtbild dominiert. An dem Gotteshaus haben viele Generationen gearbeitet; 1367 ist als Weihejahr des Chors bezeugt, das Langhaus erhielt sein Gewölbe aber erst im 15. Jh. Reichen plastischen

Karte Seite 46

Schmuck weist die Südfront auf; neben den beiden spätgotischen Portalen fällt eine lebensgroße Steinfigur des hl. Nikolaus (um 1350) auf. Die ersten beiden der schönen Glasfenster stammen noch aus dem 15. Jh. Gleich hinter der Pfarrkirche bewahrt die gotische **Barbarakapelle,** ein doppelgeschossiger achteckiger Zentralbau aus dem 15. Jh., im Obergeschoss einen Flügelaltar aus dem Rheinland.

Vom Pfarrplatz führt die lange ***Laubengasse** ❷ westlich zum Kornplatz. Mit ihren Bogengängen – links, zur Passer hin, den »Wasserlauben«, rechts den »Berglauben« – ist sie Mittelpunkt und Hauptgeschäftsstraße des alten Meran. Ihre Anlage geht auf Graf Meinhard II. zurück; die Häuser besitzen z. T. noch alte Innenhöfe und Treppenhäuser.

In immer wieder erweiterten Räumlichkeiten präsentiert das **Frauenmuseum »Evelyn Ortner«** Frauengeschichte anhand von Mode und Acessoirs der letzten 200 Jahre (Laubengasse 68, Tel. 04 73 23 12 16; Febr.–Okt. Mo–Fr 10–12, 14–17, Sa 10 bis 12.30, Nov./Dez. Fr–So 10–17 Uhr).

Von den Lauben ist es nicht weit zur **Landesfürstlichen Burg** ❸. Wie eine Festung schaut das Schlösschen aus dem 15. Jh. nicht gerade aus; es hatte auch keine Verteidigungsfunktion, sondern diente den Tiroler Landesfürsten als Stadtresidenz. Die Räumlichkeiten, teilweise noch mit der originalen Einrichtung und einer Musikinstrumentensammlung, können besichtigt werden (Öffnungszeiten: wie Städtisches Museum, s. u.).

Zurück in die Geschichte des Burggrafenamts führt auch ein Besuch des **Städtischen Museums** ❹ im Roten Adler. Neben prähistorischen und römerzeitlichenischen Funden präsentiert es eine geologische Sammlung, eine Gemäldegalerie, spätmittelalterliche Sakralkunst und Volkskundliches (Rennweg 42, Tel. 04 73 23 60 15; Di–Sa 10–17, So/Fei 10–13 Uhr).

Relaxen am Sandplatz in der Altstadt

Im Nordwesten der Altstadt liegt das wappengeschmückte **Vinschgauer Tor,** daneben die im 18. Jh. barock umgestaltete **Kapuzinerkirche.**

Das Kurzentrum

Im ****Kurhaus** ❺ mit dem großen Kursaal spielt sich das gesellschaftliche Leben ab. Der 1914 eröffnete und vorbildlich restaurierte Saal ist ein Jugendstiljuwel und zumindest im Alpenraum ohne Vergleich. Dem Wiener Sezessionsstil zuzuordnen ist das hübsche Meraner **Stadttheater.**

Ein moderner Kontrast dazu ist die Ende 2005 neu eröffnete **Therme Meran** ❻. Der architektonisch gelungene Kubus aus Stahl und Glas liegt in einem herrlichen Park und beherbergt eine über 7000 m² große Wellness-Landschaft mit Pools, Saunen, Spa und Fitness (Thermenplatz 9, Tel. 04 73 25 20 00, www.thermemeran.it; tgl. 9–22 Uhr).

Karte Seite 46

Im Keller des Kurhauses führt das **Theater in der Altstadt** Eigenproduktionen Gastspiele, Musik- und Kabarett auf (Tel. 04 73 21 16 23, www.theater-in-der-altstadt.it). Ende Aug. bis Ende Sept. finden im Kursaal die **Musikwochen** statt (Tel. 04 73 21 25 20, www.meranofestival.com).

An der Postbrücke, ein paar hundert Meter die Passer aufwärts, hat der Verkehr seine Spuren an dem reich skulptierte *Hauptportal der **Spitalkirche zum Heiligen Geist** ❼ hinterlassen. Der dreischiffige Innenraum des 1431 geweihten Gotteshauses ist dagegen eine Oase der Stille.

Stadtviertel Untermais

Auf der Romstraße kommt man direkt zur **Maria-Trost-Kirche** ❽. Im Kern romanisch, später mehrfach umgebaut, bewahrt sie das byzantinisch beeinflusste *Fresko »Der Tod Mariens« (12. Jh.). In Untermais liegt auch die berühmte **Pferderennbahn** von Meran, auf der hochdotierte Rennen, aber auch folkloristische Veranstaltungen stattfinden wie Haflingerrennen (»Bauerngalopp«; Ostermontag).

Promenaden an der Passeier und am Küchelberg

Was wäre Meran ohne seine berühmten Promenaden, die sich links und rechts der Passer und an den Hängen des Küchelbergs (Seilbahn)

❶ Pfarrkirche St. Nikolaus
❷ Laubengasse
❸ Landesfürstliche Burg
❹ Städtisches Museum
❺ Kurhaus
❻ Therme Meran
❼ Spitalkirche zum Heiligen Geist
❽ Maria-Trost-Kirche
❾ Zenoburg
❿ Gärten von Schloss Trauttmannsdorff

Karte Seite 46

Vom Tappeiner Weg eröffnet sich ein bezaubernder Blick auf das Meraner Umland

entlangziehen: **Kur-, Sommer-** und **Winterpromenade.** Vom Steinernen Steg führt die sonnige **Gilfpromenade** hinauf zur Zenoburg. Schönste Promenade Merans ist der ***Tappeiner Weg,** der die sonnige Südflanke des Küchelbergs (514 m) quert; von subtropischer Flora gesäumt, bietet er stimmungsvolle Ausblicke auf die Stadt und den Meraner Talkessel.

Die **Zenoburg** ❾ krönt einen jäh zur Passer abfallenden Felssporn, der das römische Castrum Maiense trug. Von der wehrhaften Anlage, die um 1288 zur zweiten Residenz der Tiroler Fürsten ausgebaut wurde, blieb neben dem Bergfried und ein paar Mauerfragmenten die zweigeschossige Kapelle mit skulptiertem Portal erhalten.

Villenviertel Obermais

Das an idyllischen Winkeln reiche, durch die vielen Weinpergolen und Obstgärten aufgelockerte Siedlungsbild wird von Villen, Schlössern und Ansitzen geprägt, von denen viele heute Hotellerie und Gastronomie beherbergen. Mittelpunkt dieses alten Meraner »Adelsparadieses« ist der Brunnenplatz, zu Fuß vom Stadtzentrum über die Cavourstraße in 15 Min. zu erreichen. In seiner Nachbarschaft entdeckt man Knillenberg, eine überaus malerische Baugruppe.

Schloss Rubein, Christomannosstr. 38, Tel. 04 73 23 18 94, www.rubein.com. Bezauberndes Hotel in einem Schloss aus dem 12. Jh., umgeben von einem großen Park mit Freibad und Liegewiese. Ein Gedicht ist das opulente Frühstück mit Marmelade der Schlossherrin. ❍❍

*Schloss Trauttmansdorff ❿

Die Attraktion der Schlossanlage aus dem 15. Jh. am Hang gegenüber von Obermais ist der herrliche **Botanische Garten:** 80 Gartenlanschaften mit Südtiroler und mediterraner Flora, Wein-, Wasser- und Waldgärten, Reisterrassen und japanischen Magnolien, Sukkulenten- und Kakteenhügeln u. v. m. Interessant ist auch das **Touriseum** im Schloss mit seiner Ausstellung zur Geschichte des Tourismus.

Infos: Tel. 04 73 23 57 30, www.trauttmansdorff.it, www.touriseum.it; Garten, Museum: 1. April–15. Nov. tgl. 9–18 Uhr, 15. Mai–15. Sept. 9–21 Uhr.

Karte Seite 46

Infos

Kurverwaltung Meran, Freiheitsstraße 45, 39012 Meran, Tel. 04 73 27 20 00, Fax 04 73 23 55 24, www.meraninfo.it

Parkmöglichkeiten: Großes Parkhaus unter der neuen Therme Meran, 2 Min. zur Altstadt. Parkhäuser beim Marconipark und an der Galileistraße.
Bahnverbindung: Nach Bozen mit Anschluss an die Brennerlinie.
Busverbindungen: Linienbusse in alle Orte der Umgebung. Während der Saison tgl. Rundfahrten (Dolomiten, Gardasee usw.).
Seilschwebebahnen: Hochmuter (Dorf Tirol), Küchelberg, Obertaser (Schenna), Meran 2000 (Skigebiet); mehrere Gondelbahnen und Sessellifte.

Grand Hotel Palace, Cavourstr. 2/4, Tel. 04 73 27 10 00, Fax 04 73 27 11 00, www.palace.it. First class-Haus – Kuranwendungen, Diätküche, Sauna, Solarium, Tennisplatz und Fahrradverleih. ○○○
▮ **Adria,** Gilmstr. 2, Tel. 04 73 23 66 10, Fax 04 73 23 66 87, www.hotel-adria.com. Jugendstilhotel in Obermais. Pauschalangebote für Kurwochen, auf Wunsch Diätküche. ○○
▮ **Meisters Hotel Irma,** Schönblickstr. 17, Tel. 04 73 21 20 00, Fax 04 73 23 13 55, www.hotel-irma.com. Charmantes Hotel mit Wellness und Pool in einer großen Parkanlage. ○○
▮ **Steigenberger Therme Meran,** Thermenplatz 1, 04 73 25 90 00, Fax 04 73 25 90 99, www.thermemeran.it. Neues, schickes Hotel direkt an der Therme. Komfortable Zimmer und Suiten, eingerichtet vom Bozener Star-Architekten Matteo Thun. ○○
▮ **Eremita Einsiedler,** Naifweg 29, Tel. 04 73 23 21 91, Fax 04 73 21 15 75, www.einsiedler.com. Mit Hallenbad, Sauna und Solarium. Außerhalb des Stadtzentrums mit wunderschönem Ausblick. ○○

Maria Theresa, im Grand Hotel Palace, Cavourstraße 2–4, Tel. 04 73 27 10 00. Eines der besten Restaurants Südtirols. ○○○
▮ **Sissi,** Galileistr. 44, Tel. 04 73 23 10 62. Einfallsreiche moderne Küche, regional und mediterran inspiriert. Mo geschl. ○○
▮ **Restaurant Bistrò 7,** Laubengasse 232, Tel. 04 73 21 06 36. Bei der Szene beliebte Ganztags-Location mit flotter Bistroküche und leckeren Cocktails. ○○

Als Mitbringsel eignen sich Kosmetik- und Modeartikel ebenso wie Südtiroler Kunsthandwerk. Zu empfehlen sind auch Wein und Speck vom **Vinschgauer Tor** (Rennweg 126). Für den Weineinkauf ist die **Enoteca** von **Claudia Catlacin** (Piazza del Duomo 13) Merans beste Adresse. Besondere Weine wie den Chardonnay Goldegg gibt es in der Önothek der **Meraner Kellerei** (St. Markus Str. 11).

Ausflüge

Segenbühel

Die Südkuppe des Küchelbergs, Merans Hausberg (514 m), ist zu Fuß auf dem »Tiroler Steig« (45 Min.), mit dem Sessellift (Talstation gegenüber der Landesfürstlichen Burg) in wenigen Minuten zu erreichen.

Dorf und **Schloss Tirol

Eine halbe Stunde weiter nördlich zwischen Weinbergen und Obstgärten liegt das **Dorf Tirol** (Tirolo; 594 m; 1100 Einw.), heute ein viel besuchter Ferienort. Hauptattraktion ist das gleichnamige Stammschloss des Hau-

Karte Seite 71

Reich skulptiertes Portal in Schloss Tirol

Die neugotische Brunnenburg

ses Tirol. Bis zum Hochmuter (1423 m) gelangt man bequem mit der Seilschwebebahn; viel begangene Wege führen westlich zur Leiteralm (1522 m) und zum Hochganghaus (1839 m; 1 3/4 Std.), nördlich ins Spronsertal.

****Schloss Tirol**, die Stammburg des Landes (647 m), thront majestätisch über dem Meraner Talkessel. Um die Mitte des 12. Jhs. wurde sie wohl auf den Fundamenten eines frühmittelalterlichen Klosters errichtet und später als Residenz der Landesfürsten stark ausgebaut; nach der Verlegung des Regierungssitzes verlor sie unter Erzherzog Sigmund dem Münzreichen an Bedeutung und verfiel.

In jüngerer Zeit wurde die Anlage aufwändig restauriert und das interessante **Südtiroler Landesmuseum für Kultur- und Landesgeschichte** eingerichtet (www.schlosstirol.it; Ostern bis Nov. Di–So 10–17, im Aug. bis 18 Uhr; Schlosskonzerte im Sommer).

Die Hauptburg mit Bergfried, Palas und Wirtschaftsgebäuden gruppiert sich um den weiten Hof. Der untere Saal des Südpalas (»Kaisersaal«) und die doppelgeschossige Kapelle weisen reich skulptierte Portale (um 1160) auf; über dem Eingang zur Kapelle entdeckt man die älteste erhaltene Darstellung des Tiroler Adlers (13. Jh.), das farbige Glasfenster in der unteren Apsis (um 1350) gilt als älteste Glasmalerei des Landes.

Der recht steile Fußweg zum Schloss führt vom Dorf Tirol durch das **Knappenloch**, einen 80 m langen Stollen, an dessen Ende im Köstengraben Erdpyramiden wieder am Wachsen sind. Links unterhalb des Weges wurde die **Brunnenburg** zu Beginn des 20. Jhs. im neugotischen Stil wieder aufgebaut. Hier ist heute ein Landwirtschaftliches Museum untergebracht (Tel. 04 73 92 35 33; Ostern bis Nov. Mo, Mi–So 10–17 Uhr).

Von Schloss Tirol führt ein bequemer Abstieg nach **Gratsch** (Quarazze; 380 m), vorbei am Kirchlein St. Peter (602 m) mit gotischen Fresken sowie an Schloss Thurnstein (560 m; Restaurant); zurück nach Meran geht es über den Tappeiner Weg (s. S. 47).

In Dorf Tirol findet man eines der besten Restaurants und Hotels Südtirols unter einem Dach – im 5-Sterne-**Castel**, Köstengasse 60, Tel. 04 73 92 36 93, www.hotel-castel.com. ○○○

Karte Seite 71

Mit der Apfelblüte entfaltet die Landschaft um Lana ihren ganzen Zauber

Der Marlinger Waalweg ist für Wanderer ein Vergnügen

Marling

Wie Algund und Tirol gehört Marling (Marlengo; 363 m; 2200 Einw.) zum touristischen Einzugsgebiet Merans. Vor Tscherms liegt **Schloss Lebenberg** oberhalb des Marlinger Waals. Die sehenswerte Anlage geht aufs 13. Jh. zurück und wurde im 18. Jh. erweitert (Führungen Ostern bis Ende Okt. Mo bis Sa 10.30–12.30, 14–16.30 Uhr).

Lana

Knapp 10 km südlich von Meran auf dem Schwemmkegel des Falschauer Bachs liegt das Apfeldorf Südtirols (310 m; 8600 Einw., www.lana.net) genau der richtige Standort für das **Südtiroler Obstbaumuseum,** das im Larchgut einen passenden Rahmen gefunden hat (Mitte März bis Ende Oktober Di–Sa 10–12 Uhr, 14–17 Uhr, So/Fei 14–18 Uhr). Ein Muss für jeden Kunstfreund ist ein Besuch der Pfarrkirche ***Mariä Himmelfahrt von Niederlana.** Der einschiffige Bau (1485 bis 1492) mit dem frei stehenden Turm zählt zu den schönsten spätgotischen Gotteshäusern des Landes; mit dem **Schnatterpeck-Altar besitzt er ein Kulturdenkmal ersten Ranges. Ungewöhnlich sind bereits die Ausmaße des Hochaltars (Höhe 14 m), den Hans Schnatterpeck in knapp achtjähriger Arbeit unter Mitwirkung des Bildschnitzers Bernhard Härpfer schuf (1503–1511); ungewöhnlicher noch ist sein Detailreichtum. Die Flügelgemälde stammen von Hans Schäuffelin. (Führungen Mitte April bis Ende Okt. Mo–Sa 9.30, 10.30, 11.30, 14, 15, 16 und 17 Uhr.)

Lanas Hausberg ist der **Larchbühel** (1824 m) über dem Meraner Talkessel; sein prächtiges Panorama reicht etschaufwärts bis zu den Schweizer Grenzbergen, nach Osten in die Dolomiten, südlich bis zu den Höhen um Trient (Seilbahn und Sessellift).

Ein ganz außergewöhnliches Hotel ist das **Vigilius Mountain Resort** auf dem Vigiljoch oberhalb von Lana. Trotz seiner Modernität fügt sich das von Matteo Thun geschaffene Luxusresort harmonisch in die Natur ein. Mit erstklassigem »Restaurant 1500«. Tel. 04 73 55 66 00, Fax 04 73 55 66 99, www.vigilius.it. ○○○

Ein hübscher Spaziergang führt von **Oberlana** in die Mündungsklamm des Ultentals; über der malerischen **Gaulschlucht** thront die 1271 erstmals urkundlich erwähnte Braunsburg. Ein Waalweg zieht sich am Bergfuß entlang südlich zum Kirchlein **St. Margarethen,** das einen Freskenzyklus aus der Zeit um 1215 bewahrt, und weiter zur Burgruine **Brandis** (13. Jh.).

Karte Seite 70

*Ultental

Dem Südtiroler Anspruch einer Region »zwischen Rebbergen und Gletscherfirn« wird das Ultental (Val d'Ultimo; siehe Plan S. 70/71) spielend gerecht. Das 30 km lange Alpental mit knapp 3000 Einwohnern steigt von seiner Mündung bei Lana bis zu den Gipfeln des Ortlermassivs auf 3000 m an. Das bis vor ein paar Jahrzehnten noch abgeschiedene Tal war bereits im 19. Jh. Ziel prominenter Touristen.

Das Mitterbad bei **St. Pankraz** (736 m; 11 km von Lana) galt um 1870 als das beliebteste in Deutschtirol. Zu den Besuchern von Lana zählte auch der junge Otto von Bismarck, der hier zwischen 1840 und 1843 kurte. Die Liaison zwischen ihm und der Tochter des Badwirts passte den Ultner Burschen überhaupt nicht; als »Stadtfrack aus der Fremd« wurde er bezeichnet. Mit Mitterbad versank auch das Ultental in einen Dornröschenschlaf, bis Italiens großer Stromversorger ENEL die Energiereserven der Falschauer und ihrer Zuflüsse entdeckte. Das Ergebnis: ausgebaute Straßen, fünf Stauseen und Kraftwerksanlagen. Auch Fremdenverkehr gibt es wieder. Die Gemeinde **Ulten** (St. Walburg, St. Nikolaus und St. Gertraud) hat eine bescheidene touristische Infrastruktur aufgebaut.

Das **Ultner Talmuseum** von St. Nikolaus beherbergt eine hübsche Sammlung von Gegenständen des bäuerlichen Brauchtums (im Sommer Di, Fr 11–12 und 15–17, So ab

Waalsterben in Südtirol

Waale? Dabei handelt es sich um die künstlich angelegten Wasserläufe, in denen schon seit dem 13. Jh. Südtirols Bergbauern Wasser von Fassungsstellen unterhalb der Gletscher zu ihren Feldern an trockenen Berghängen leiten.
Die Bedeutung dieses genialen Bewässerungssystems für die Landwirtschaft nimmt allerdings ständig ab. Immer mehr der arbeitsintensiven Waale verfallen und führen kein Wasser mehr. Betrug die Gesamtstrecke der Waale 1935 noch rund 1000 km, so ist sie inzwischen auf knapp 200 km geschrumpft. Sie wurden abgelöst von modernen Berieselungsanlagen. Mit den Waalen sterben aber nicht nur die Biotope, die sich im Laufe der Jahrhunderte in ihrer Nähe gebildet haben, sondern auch der Beruf des Waalers. Er verbringt den Sommer in der »Waalerhitte« und beaufsichtigt die schmalen Wasserläufe. Er reinigt sie und repariert kleinere Schäden. Seine wichtigste Aufgabe ist aber, mit dem Schweller – einem Metallschieber – das Wasser gerecht auf die Felder zu verteilen. Die Wassermenge wird den Parzellen vom Waalmeister nach der Anzahl der Ackerfurchen zugeteilt. Die Waalschelle, ein kleines Wasserrad, das rhythmisch auf eine Blechglocke schlägt, signalisiert dem Waaler, dass das Wasser richtig fließt. Für Wanderer sind die Waalwege ein Paradies. Fast eben führen sie durch wundervolle Berglandschaften und bieten oft schöne Ausblicke auf die Täler. Das leichte Murmeln und Rauschen des Wassers bringt innere Ruhe und lädt dazu ein, die Seele baumeln zu lassen.

Karte Seite 71

Das Ultental hat sich eine selten gewordene Alpenidylle bewahrt

Schloss Schenna am Eingang zum Passertal

10 Uhr; März, April, Okt nur So; sonst: Tel. 04 73 79 01 47).

Zwischen St. Walburg (1192 m) und St. Nikolaus soll das kleine, idyllische Skigebiet auf der **Schwemmalm** Wintergäste locken. Die Sommergäste finden auf den umliegenden Höhen schöne Wanderziele wie den winzigen Weiler Pawigl (1156 m) oder das Kirchlein St. Helena (1532 m).

Die innerste Ortschaft des Ultentals, **St. Gertraud** (1512 m; 33 km ab Lana), ist Ausgangspunkt für verschiedene Wanderungen, u. a. zur Haselgruberhütte in 2467 m Höhe. Ein kurzer Spaziergang führt zu den »Ultener Riesen«, einer Gruppe von prächtigen Lärchen, deren Alter auf 2000 Jahre geschätzt wird. Der größte dieser Baumgiganten hat einen Umfang von rund 8 m. Taleinwärts kann man bis zum aufgestauten **Weißbrunner See** (1870 m) weiterfahren. Alpinisten nehmen sich hier gerne einen der Dreitausender (Zufrittspitze, 3438 m; Hintere Eggenspitze, 3443 m) zum Ziel.

Bei einer Brotzeit oder der Kost der deftigen **Knödelmoidl** erholt man sich am Seeufer.

Tourismusverein Ulten, 39016 St. Walburg, Tel. 04 73 79 53 87, Fax 04 73 79 50 49, www.ultental.it

St. Pankraz, Widumanger 3, St. Pankraz, Tel. 04 73 78 71 80, Fax 04 73 78 55 35, www.hotel-st-pankraz.com. Hübsch gelegenes Familienhotel, Hallenbad. ○○

*Schenna

Nordöstlich von Meran (5 km) auf einer Anhöhe am Eingang ins Passertal, liegt Schenna (Scena; 600 m; 2500 Einw.), eines der schönsten Dörfer des Burggrafenamtes. Den alten, engen Ortskern überragen die Pfarrkirche (13./14. Jh.) und das Schloss – Symbole geistlicher und weltlicher Macht im Mittelalter.

Schloss Schenna geht aufs 14. Jh. zurück; 1845 erwarb es der Erzherzog Johann von Österreich und baute es aus (www.schloss-schenna.com, Führungen Karwoche bis 1. Nov. Mo–Sa 10.30, 11.30, 14, 15 Uhr). Das neugotische **Mausoleum** (1865) außerhalb des Ortes auf einem Geländesporn birgt die Grabstätte des Erzherzogs und seiner Gattin, der Ausseer

Postmeisterstochter Anna Plochl, später Gräfin von Meran. Einen Besuch wert ist die romanische Rundkirche **St. Georgen** im Oberdorf, am Hang des Schennaer Berges, mit ihrem um 1400 entstandenen Freskenzyklus.

Im Hinterland von Schenna, den Ausläufern der Sarntaler Alpen, erschließen zwei Seilbahnen die Aussichtspunkte **Oberkirn** (1450 m) und **Taser** (1445 m), eine angenehme Höhenwanderung auf markiertem Weg verbindet die beiden Bergstationen. Möglichkeit zur Einkehr bieten die **Streitweider Alm** (1560 m) und der **Weiler Videgg** (1536 m).

i **Tourismusverein,** 39017 Schenna, Tel. 04 73 94 56 69, Fax 04 73 94 55 81, www.schenna.com

*Hafling

Als Heimat der blondmähnigen Haflingerpferde, die heute hauptsächlich im Sarntal gezüchtet werden, ist das Dörfchen Hafling (Avelengo; 1290 m; 600 Einw.) am Nordrand des Tschögglberges bekannt. Und so etwas wie ein Pferdehimmel muss der Ort in 1300 m Höhe über Meran früher auch gewesen sein: ein paar Bauernhöfe, eine Kirche und St. Kathrein in der Scharte (Flügelaltar, um 1480), eine betagte, klapprige Seilbahn als Verbindung mit der großen Welt in Meran.

Heute führt eine breite Straße hinauf zum Plateau, einen Lift führt in das weiträumige Berg- und Wintersportgebiet **Meran 2000,** und neben den alten Bauernhäusern stehen moderne Chalets. Geblieben ist ein schönes, auch für Familien geeignetes Wanderrevier (www.meran2000.net; Kabinenbahn von Falzleben).

i **Tourismusverein,** 39010 Hafling, Tel. 04 73 27 94 57, Fax 04 73 27 95 40, www.hafling.com

Tour 1

Silberrausch und Burgenromantik

Brenner → *Sterzing → *Klausen → *Bozen (86 km)

1 Karte Seite 71

Brenner (Brennero; 1375 m): Niedrigster Übergang über den Alpenhauptkamm, Wasserscheide zwischen Schwarzem Meer und Adria, österreichisch-italienischer Grenzpass in dem seit 1919 geteilten Tirol. Soweit das Lexikon. Doch der Brenner ist mehr: Seit fast 4000 Jahren ist er das Tor zum Süden und heute eine der wichtigsten EU-Transitrouten. Die unaufhaltsam zunehmenden Verkehrsströme beeinträchtigen die Lebensqualität auf beiden Seiten des Alpenübergangs erheblich. Während im Dschungel der Brüsseler Bürokratie intelligente Verkehrskonzepte verstauben, wird der Alltag an der Brennerroute immer mehr zur Belastung für Mensch und Natur.

Benutzt wurde der Brenner bereits lange bevor die Römer hier eine Militärstraße anlegten. Auch zahlreichen deutschen Kaisern – von Otto I. (962) bis Karl V. (1530) – diente er bei ihren Italienzügen als bequemer, wenn auch nicht ungefährlicher Alpenübergang. Besonders wichtig war der Nord-Süd-Übergang aber bald für den Warentransit. Das Fuggerstädtchen Sterzing profitierte davon und entwickelte sich zur blühenden Handelsstadt. Zum Weitertransport auf der Etsch wurden die Waren durch das Eisacktal nach Bozen gebracht. Und so hat fast jedes Jahrhundert in diesem Tal seine Spuren hinterlassen.

1
Karte Seite 71

Gossensaß ❶

Erste Station südlich des Brenners (1375 m) im Eisacktal ist Gossensaß (Colle Isarco; 1098 m; 1000 Einw.), 9 km, das Anfang des 20. Jhs. ein beliebter Luftkurort war, den auch der Schriftsteller Hendrik Ibsen schätzte – wovon das **Ibsenmuseum** im Gemeindesaal zeugt (Tel. 04 72 63 23 72). Einen kunstvollen, 500 Jahre alten Altar besitzt die **St.-Barbara-Kapelle.**

Sehenswert ist auch die **Pflerer Hölle**, ein Wasserfall als Naturdenkmal. Das wild romantische ***Pflerschtal** ist ein Wander- und Tourengebiet und mit 93 km Strecke vor allem ein Dorado für Mountainbiker.

Tourismusverein, Ibsenplatz 2, 39040 Gossensass, Tel. 04 72 63 23 72, www.gossensass.org

*Sterzing ❷

Die Geschichte von Sterzing (Vipiteno; 948 m; 6000 Einw.), 15 km, war zu allen Zeiten eng mit dem Brennerweg verknüpft. Zur Römerzeit entstand hier die befestigte Wachstation Vipitenum, im Mittelalter war der Ort Ziel von Pilgern. Im 15./16. Jh. erlebte Sterzing durch den ergiebigen Silberbergbau im Ridnauntal (s. Kasten rechts und S. 56) einen gewaltigen Aufschwung. Damals entstand nach einem Großbrand auch eine der schönsten Straßen Südtirols, die von den Sterzingern noch heute ***Neustadt** genannt wird. Sie ist mit ihrem Architekturensemble das Musterbeispiel einer spätgotischen Tiroler Handelsstraße mit einer Fülle reizvoller Details: schattigen Lauben, geschmückten Erkern, schmiedeeisernen Fenstergittern, Spitzbogenportalen und großzügigen Innenhöfen.

In der »Neustadt« von Sterzing

Silberrausch

Seit spätrömischer Zeit war Sterzing Durchgangsstation auf dem Weg in den Süden. Davon lebt das Städtchen im Wipptal bis heute nicht schlecht. Richtig reich geworden ist es aber durch den Bergbau. Seit dem 13. Jh. wurde, wie eine Urkunde von 1237 bezeugt, am Schneeberg westlich von Sterzing Blei und vor allem Silber gefördert. Seinen Höhepunkt erreichte der Silberrausch im ausgehenden Mittelalter. Handel und Handwerk erlebten einen ungeahnten Aufschwung. Die Augsburger Fugger investierten – und verdienten natürlich ebenso kräftig wie der Bischof in Brixen und einige einheimische Familien. Im ausgehenden 16. Jh. versiegte der Bergsegen allmählich – endgültig aufgegeben wurde der Erzabbau im Ridnauntal im Jahre 1985.

Aus jener Zeit stammt auch das **Rathaus** (1468–1473) mit seinem verzierten Erker. Im kleinen Innenhof sind ein Meilenstein und der bei Mauls entdeckte Mithrasstein aus dem 3. Jahrhundert Zeugen römischer Vergangenheit. Zum Bild der Neustadt gehören die Nepomukstatue (1739) vor dem Rathaus und der **Zwölferturm** (1468), der den markanten Abschluss zur nördlichen Altstadt bildet, in der früher vor allem Handwerker wohnten. Heute ist die Straße unter dem Zwölferturm eine malerische, quicklebendige Einkaufsstraße mit eleganten Geschäften.

Von der Neustadt ist es nicht weit zum Ansitz Jöchlsthurn (15. Jh.). In dem ehemaligen Wohnturm residiert das **Landesbergbaumuseum.** Zahlreiche Exponate informieren über den Bergbau (Tel. 04 72 76 48 75; April bis Ende Okt. Di–Sa 10–12, 14–17 Uhr).

Einen Besuch wert ist das moderne **Stadttheater Sterzing,** das Theater auch für Kinder, Konzerte und Filme aufführt. J.-W.-v.-Goethe-Platz 1, Tel. 04 72 76 04 00, www.stadttheater-sterzing.it.

Tourismusverein, Stadtplatz 3, 39049 Sterzing, Tel. 04 72 76 53 25, www.infosterzing.it

Busverbindungen: Ratschings, Ridnaun, Pflerscher Tal, Jaufenpass–Meran.

Hotel Post, Neustadt 14, Tel. 04 72 76 66 64, Fax 04 72 76 21 89, www.highlight-hotels.com/post. Romantisches Hotel in der Fußgängerzone. ❍❍

Schwarzer Adler, Stadtplatz 1, Tel. 04 72 76 40 64, www.schwarzeradler.it. Das Hotelrestaurant bietet köstliche Südtiroler Spezialitäten. ❍❍

Kleine Flamme, Neustadt 31, Tel. 04 72 70 60 65. Fantasievolle Küche unter den Arkaden. ❍❍

Von Sterzing aus kann man die Fahrt über den **Jaufenpass** (2099 m) in Richtung Meran (40 km; s. S. 44) oder ins Sarntal (s. S. 37) über das **Penser Joch** (2214 m) fortsetzen. Beide Passrouten bieten viel landschaftliche Abwechslung und sind ein Dorado für Motorradfahrer.

Vor den Toren der Stadt

Ein schönes Panorama gewährt der Hausberg von Sterzing. Vom **Roßkopf** (2189 m; mehrere Skilifte) reicht der Blick von den Stubaier Gletschern bis zu den Dolomiten.

Rund 1 km südlich von Sterzing steht auf freiem Feld die stattliche Pfarrkirche ***Zu unserer Lieben Frau im Moos.** Um den Bergknappen aus dem benachbarten Ridnaun den Weg zur Messe zu verkürzen, entstand die Kirche außerhalb des Ortskerns.

Die reichen Sterzinger wollten für ihre Pfarrkirche einen ganz besonderen Altar. Hierfür engagierten sie den schwäbischen Meister Hans Multscher (um 1400–1467), einen der bedeutendsten und modernsten Bildhauer seiner Zeit. In dessen Ulmer Werkstatt entstanden die wesentlichen Teile des großartigen spätgotischen **Flügelaltars, der 1458 in der Kirche aufgestellt wurde. Das in Südtirol revolutionäre Kunstwerk musste im 18. Jh. bei einer Kirchenumgestaltung einem Barockaltar weichen, 1940 verschenkte Mussolini den Altar gar an Göring. Erst 1959 kam das Meisterwerk wieder nach Sterzing zurück. Die acht ungewöhnlich detailreichen Altargemälde sind nun, zusammen mit anderen Fragmenten, im Deutsch-

1 Karte Seite 71

1
Karte Seite 71

»Anbetung des Kindes«, ein Detail des Multscher-Altars

ordenshaus neben der Pfarrkirche zu bewundern, im **Multscher- und Stadtmuseum** (Tel. 04 72 76 64 64; April bis Okt. Di–Sa 9.30–12.30 und 14–18 Uhr).

Ins *Ridnauntal ❸

Ratschings, vor zwei Jahrzehnten noch ein fast vergessener Winkel Südtirols, hat sich zu einem beliebten Ski- und Urlaubsgebiet entwickelt. Zwar längst nicht mehr unbekannt, ist das Ratschingstal doch eher noch ein Geheimtipp und daher angenehm ruhig. Die wilde **Gilfenklamm** hat sich beim Taleingang tief in den weißen Ratschingser Marmor eingegraben. Ein gesicherter Steig führt vom Ort Stange aus in die romantische Schlucht (nur Mai–Okt. geöffnet).

Im ***Ridnauntal** wandelt man wieder auf den Spuren der Sterzinger Bergbaugeschichte. Ein Lehrpfad führt über die Schneebergscharte zur stillgelegten Bergwerkssiedlung **St. Martin am Schneeberg** (2355 m), der höchstgelegenen Zeche Europas (s. S. 72). Hier waren im 15./16. Jh. über 1000 Knappen beschäftigt und sicherten den Reichtum der Sterzinger. Der Schaustollen bei **Maiern,** am Ende des Ridnauntals, bietet Einblicke in die Arbeit unter Tage. Eine interessante Dokumentation zum Ridnauner Bergbau zeigt das dortige **Südtiroler Bergbaumuseum** (Tel. 04 72 65 63 64, www.bergbaumuseum.it; kleine Erlebnistour April–Okt. Di–So 9.30–16.30, Führungen 9.30, 11.15, 13.30, 15.15 Uhr).

An den Bergbau erinnert außerdem die spätgotische Knappenkirche **St. Magdalena** (1491), die sich bei Ridnaun auf einer Anhöhe erhebt. Sie bewahrt einen *Flügelaltar des Sterzingers Matthias Stöberl (1509); im Schrein ließen sich – zu Füßen der hl. Magdalena in einem geschnitzten Stollen arbeitend – die Bergknappen verewigen. Da die Kirche, wie viele andere in Südtirol, wegen zahlreicher Kunstdiebstähle geschlossen und nur mit Führungen zu besichtigen (Infos dazu im Bergbaumuseum).

Die Häuser des kleinen Weilers Mareit (8 km ab Sterzing; 1070 m) ducken sich an den Hügel unterhalb des prunkvollen Barockschlosses ***Wolfsthurn,** das im 13. Jh. als Wehrburg erbaut und 1730–1740 erweitert wurde. Das **Landesmuseum für Jagd und Fischerei** erlaubt nun auch eine Besichtigung der herrlichen Räume des Ansitzes. (April bis 15. Nov. Di–Sa 9.30–17.30 Uhr, So/Fei 13–17 Uhr.)

Ferienhotel Gassenhof, Untere Gasse 13, Ridnaun, Tel. 04 72 65 62 09, Fax 0472 65 63 80, www.gassenhof.com. Schönes, kinderfreundliches 4-Sterne-Haus mit komplettem Sportangebot. ○○

*Pfitscher Tal ❹

Das Pfitscher Tal (Val di Vizze), das bei Sterzing von Nordosten her mündet, ist nicht nur für Wanderer, sondern vor allem für Mineraliensammler von

1 Karte Seite 71

Interesse. Früher wurde hier nach Beryll, Rutil, Turmalin und Granat geschürft. Dem Umstand, dass der uralte Alpenübergang ins Zillertal nie ausgebaut wurde, verdankt das Pfitscher Tal seine relative Unberührtheit; die Talstraße endet oben am **Pfitscher Joch** (2251 m; 32 km ab Sterzing).

Pretzhof, Tulfer 259, Wiesen (8 km östl. von Sterzing im Pfitschtal), Tel. 04 72 76 44 55, www.pretzhof.com. Südtiroler Kulinarik und erlesene Weine in charmantem Bauernhof. Mo, Di geschl. ◯◯

Ins Brixner Tal ❺

Fährt man von Sterzing aus in Richtung Brixen, bleibt der Blick über das Sterzinger Moos an dem romantischen ***Schloss Reifenstein** haften, einer Ritterburg wie aus dem Bilderbuch – mit Zinnen und Zugbrücken, Gewölben und Landsknechtskammern. Ungefähr 2 km hinter Sterzing zweigt eine kleine Straße ab, die über die Autobahn und durch den Weiler Elzenbaum bis zum Fuß des Burghügels führt. Berühmt ist der »Grüne Saal« des Schlosses aus spätgotischer Zeit; seine kunstvolle Ausmalung mit grünem Rankenwerk lässt die Illusion eines Reliefs entstehen (Tel. 04 72 76 58 79; Führungen von Ostern bis Okt. Sa–Do 10.30, 14 und 15 Uhr, im Sommer auch 16 Uhr).

Jenseits des Eisacks thront die **Burg Sprechenstein** (13./16. Jh.; nicht zugänglich). In ca. 20 Min. steigt man hinauf zu der Feste, von der sich ein weiter Blick über den Sterzinger Talkessel und seine Bergkulisse bietet.

Etwa 2 km nach Burg Sprechenstein liegt links oberhalb der Staatsstraße in Richtung Bozen die spätgotische **Wallfahrtskirche Maria Trens**

Echtes Alpenglöckchen

von 1498, die Joseph Adam Mölk im 18. Jh. mit einem Freskenprogramm zum Marienleben ausschmückte. Rührend sind die zahlreichen Exvoto-Bilder. Das Schlösschen Welfenstein vor dem nächsten Ort Mauls wurde im ausgehenden 19. Jh. neu errichtet.

Stafler, Mauls, Tel. 04 72 77 11 36, Fax 04 72 77 10 94, www.stafler.com. Romantisches Hotel mit bester Südtiroler Küche. ◯◯

In der letzten Felsenge vor dem Brixner Talkessel führt die Tour zur düster-monumentalen **Franzensfeste,** einer 1833–1838 von den Österreichern angelegte Kanonenfestung zur Sicherung des Brenners. Für den aufwändigen Bau wurden Granitquader von Pfalzen im Pustertal auf Fuhrwerken hierher transportiert. Der Ort Franzensfeste (Fortezza), 35 km, hat den Charme eines Zolllagers, weshalb man getrost nach Brixen (s. S. 38 ff.) weiterfahren kann. Südlich davon verengt sich das Eisacktal dann mehr und mehr und man passiert den Eingang zum Villnößtal (s. S. 43), bewacht von den kleinen Dörfer Teis und **Gufidaun,** wo das Dorfmuseum den bäuerlichen Alltag dokumentiert.

Turmwirt, Gufidaun, Tel. 04 72 84 40 01. Man speist gut in schönen alten Stuben. ◯◯

1
Karte
Seite
71

Klausen im Eisacktal

*Klausen ❻

Nur wenige Kilometer weiter thront auf einem mächtigen Felsen über dem Künstlerstädtchen Klausen (Chiusa; 5000 Einw.), 56 km, überragt von ****Kloster Säben** (s. u.). Albrecht Dürer war auf seiner Italienreise von dieser Ansicht so beeindruckt, dass er Ort und Kloster auf seinem Kupferstich »Das große Glück« verewigte.

Klausen mit seiner engen Hauptgasse, der spätgotischen Architektur, seinen zahlreichen Erkern und geschmiedeten Wirtshausschildern bietet abwechslungsreiche Fotomotive. Neben der Eisackbrücke steht die spätgotische **Pfarrkirche** (1480 bis 1494), die einige bedeutende gotische Skulpturen besitzt. Zu den schönsten Exemplaren zählen die »Muttergottes mit Kind« und die »Marienkrönung«, die »Kreuzabnahme« sowie in der Apsis das »Pfingstwunder«.

Im Süden von Klausen, jenseits des wilden Tinnebachs, liegt das 1972 aufgelöste Kapuzinerkloster (Kirche von 1701). In den alten Mauern hat das **Stadtmuseum** eine Bleibe gefunden. Zu besichtigen ist hier der berühmte Loretoschatz. (Ende März bis Ende Aug. Di–Sa 10–12, 16–19 Uhr, Anfang Sept. bis Mitte Nov. Di–Sa 9.30–12, 15.30–18 Uhr.)

Tourismusverein, 39043 Klausen, Tel. 04 72 84 74 24, Fax 04 72 84 72 44, www.klausen.it

Walter von der Vogelweide, Oberstadt 66, Tel. 04 72 84 73 69, www.vogelweide.it. Traditionsreicher Gasthof mit Räumen aus dem 14. Jh. Gute Küche mit Pizza, Pasta- und Grillspezialitäten. ❍

Erfrischung und Spaß bietet das **Erlebnisbad Klausen,** das auch ein Rahmenprogramm – von Beachvolleyball bis Unterhaltungsabenden – organisiert. Tel. 04 72 84 61 26; Ende Mai bis Mitte Sept. tgl. 9–19 Uhr, Mo/Fr 9–22 Uhr.

**Kloster Säben

Steil hinauf führt der halbstündige Aufstieg von Klausen zum Kloster Säben, vorbei an der Burg Branzoll, die aus einem 1255 erbauten Turm hervorging (Privatbesitz). Der Weg führt zurück durch die Jahrtausende, denn der ausgesetzte Dioritfelsen war schon vorgeschichtliche Kultstätte. Zahlreiche Funde stammen aus der Jungsteinzeit (ca. 4000 v. Chr.) und der Bronzezeit. In den Akten des Konzils zu Grado (572–577) ist Säben bereits als Bischofssitz verzeichnet und blieb es bis ins ausgehende 10. Jh. Nach dem Umzug Bischof Albuins nach Brixen wurde das Kloster zur Burgfestung ausgebaut. 1535 legte ein Blitzschlag Teile des Schlosses in Schutt und Asche. Im ausgehenden 17. Jh. entstand aus der verfallenden Anlage das noch bestehende Benediktinerinnenkloster. Aus der Zeit der

1 Karte Seite 71

Über Klausen thront der ehemalige Bischofssitz Kloster Säben

Säbener Bischöfe stammen die Fundamente (um 600) der **Heilig-Kreuz-Kirche** (15./17. Jh.). Vor allem die virtuose Scheinarchitektur (1679) im Innenraum verblüfft. Die **Klosterkirche** (tgl. 8–17 Uhr) im ehemaligen Palas ist ein schlichter Barockbau (1691–1707); die barockisierte Marienkapelle birgt in der Sakristei ein Taufbecken aus dem 4. Jh. Den achteckigen Zentralbau der **Liebfrauenkirche** (1652–1658), errichtet nach einem Pestgelöbnis der Klausener Bürger, schmücken Stuckaturen von Franco Carlone (15. April–31. Okt. Di und Fr 14–17, Sa 10–12 Uhr und auf Anfrage; Anmeldung und Info beim Tourismusverein Klausen, Tel. 04 72 84 74 24).

*Trostburg ❼

Waidbruck (Ponte Gardena; 471 m), 62 km, bietet nicht viel mehr als eine Brücke und ein paar Häuser, wenn die eindrucksvolle Trostburg nicht wäre. Hoch über dem Eisackufer bewacht sie den Eingang ins Grödner Tal. Die Trostburg zählt zu den schönsten Burgen Südtirols. Im Kernbestand geht sie auf das 12. Jh. zurück, wurde im 13. Jh. ausgebaut und kam 1382 an Friedrich von Wolkenstein. 1595 erbte Engelhard Dietrich von Wolkenstein die Burg. Damals entstanden die Burgkapelle (1604) und der eindrucksvolle Rittersaal mit den Wappenreliefs der Wolkensteiner. Die gotische Stube mit dreifach aufgebogener Zirbelholzdecke (um 1400) ist in Südtirol wohl einmalig.

Auf der Trostburg sind die Modelle aller wichtigen Südtiroler Burganlagen ausgestellt (Führungen von Ende April bis Ende Oktober tgl. 11, 14 und 15 Uhr, Juli/Aug. auch 10 und 16 Uhr, Tel. 04 71 65 44 01).

Ansitz Fonteklaus, Lajen-Freins, Tel. 04 71 65 56 54. Nobel speisen mit Aussicht. Do geschl. ❍❍

Von dem Dörfchen Barbian (Barbiano; 830 m) führt ein romantischer Weg nach **Dreikirchen** (1 Std.), das seinen Namen von drei ineinander gebauten gotischen Kirchen auf einer kleinen Waldlichtung mit herrlichem Panoramablick hat.

Am Fuße des Schlern

In **Kastelruth** ❽ (Castelrotto), Seis (Siusi) und Völs am Schlern (Fiè allo Sciliar) hat der Tourismus Tradition. Aus nah und fern kommen die Schaulustigen nach Kastelruth, um die farbenprächtige Fronleichnamsprozession zu erleben (jeweils am So nach Fronleichnam). In **Völs** sorgen Kurbäder im dampfenden Heu (s. u.) für neue Kräfte, Kunstfreunde finden in der spätgotischen Pfarrkirche (16. Jh.) einen kostbaren Flügelaltar von 1488.

Wanderern bietet die Gegend ein weites Netz markierter Wege, das die Ortschaften und Höfe am Fuß des Schlern (2564 m) miteinander verbindet. Beliebte Ausflugsziele sind neben der ****Seiser Alm** (s. S. 92) die **Burgruine Hauenstein,** Alterswohnsitz Oswald von Wolkensteins (siehe S. 78), der idyllisch gelegene Völser Weiher (1056 m) und **Schloss Prösels** (857 m), eine für die maximilianische Zeit typische weitläufige Zwingeranlage, von 1490 bis 1520 errichtet (Tel. 04 71 60 10 62; Führungen tgl. außer Sa Mai/Okt. 11, 14 und 15, Juni/Sept. auch 16 Uhr; Juli/Aug. 10, 11, 15, 16, 17 Uhr; April nur Ostern geöffnet).

Tourismusverband Seiser Alm – Schlerngebiet, Rosengartenstr. 2, 39040 Seis am Schlern, Tel. 04 71 70 41 22, Fax 04 71 70 41 99, www.schlern.info

Heubad, Schlernstr. 12, Völs, Tel. 04 71 72 50 20, Fax 04 71 72 54 25, www.hotel-heubad.com. Das Hotel kombiniert geschmackvoll Tradition und Moderne, das Restaurant regionale und italienische Küche; das Bad im warmen Heu ist Entspannung pur. ❍❍

Völs am Schlern

Fronleichnamsprozession Kastelruth

Goldenes Rössl, Kastelruth, Krausplatz, Tel. 04 71 70 63 37, Fax 04 71 70 71 72, www.cavallino.it. Traditionsreiches Haus mit individuell eingerichteten Zimmern im bäuerlichen Stil; Wellnessbereich im ehem. Weinkeller; vorzügliche Küche. ❍❍

Tschötscherhof, St. Oswald 19, Tel. 04 71 70 60 16, Fax 04 71 70 48 01, www.tschoetscherhof.com. 8 gemütlich-rustikale Zimmer in 500 Jahre altem Bauernhof; original Südtiroler Küche; Bauernmuseum. ❍

Durch das *Tierser Tal nach Bozen

Bei **Blumau** (Prato allo Isarco; 315 m), 78 km, mündet von Osten her das Tierser Tal in die Eisackschlucht. Im Mündungsbereich tief eingeschnitten, weitet es sich bei **Tiers** ❾ (Tires; 1028 m) zu einem Kessel, dessen Kulisse die Zacken des Rosengartens bilden (Vajolettürme 2813 m).

Südlich über dem Taleingang liegt **Steinegg** (823 m; 6 km ab Blumau). Dort führt das Heimatmuseum durchs bäuerliche Leben früherer Tage. Auch hier findet sich eine Naturphönomen: die Erdpyramiden, in Größe und Zahl allerdings nicht mit jenen am Ritten zu vergleichen (s. S. 36 f.).

Zum Schluss der Tour erreicht man Bozen (s. S. 29 ff.), 86 km.

1 Karte Seite 71

Tour 2

Hohe Berge, karges Land

2
Karte Seite 70

Reschenpass → *Mals → Schlanders → Meran (80 km)

Der Vinschgau ist von einer eigenwilligen, herben Schönheit. Die steilen Talflanken reichen weit über die Waldgrenze hinauf, und das Wasser ist hier so rar, dass es über lange Kanäle, die hier Waale heißen, von den Gletscherbächen zu den Feldern geleitet werden muss. Durch den Vinschgau verläuft ein uralter, viel begangener Transitweg, den die Römer ausbauten und Via Claudia Augusta nannten. Er ging bis Mals und führte von dort weiter nach Augsburg. Überall stößt man hier auf Zeugnisse einer langen und wechselvollen Geschichte. In den Burgen und Kirchen haben sich die ältesten Fresken des gesamten deutschen Sprachraums erhalten: in Naturns, Mals und – knapp jenseits der Schweizer Grenze – in Müstair.

Auch ohne Abstecher in die Seitentäler ergibt die Fahrt durch den Vinschgau einen ausgefüllten Reisetag.

Die Nachbarn im Nordwesten waren es, die dem Vinschgau seinen schwersten Schlag versetzten: 1499 vernichteten die Graubündner ein habsburgisch-tirolerisches Heer und zogen brandschatzend durch den Vinschgau bis vor die Tore Merans.

Die Landschaft des Untervinschgaus ist heute von Obstkulturen geprägt. Der Obstanbau gehört auch nach wie vor zu den Haupterwerbszweigen des Tals, doch auch der Fremdenverkehr hat in jüngerer Zeit für die ganze Region ständig an Bedeutung gewonnen. Denn der Vinschgau kann sowohl mit kunsthistorischen Kostbarkeiten als auch mit attraktiven Wander- und Skirevieren aufwarten.

Aus dem Reschensee ragt der alte Grauner Kirchturm empor

Am Reschensee

Nahe der Etschquelle, am Reschenpass (Passo di Résia, 1504 m), beginnt die Fahrt durch den Obervinschgau. Wenn man Pech hat, wird man vom eisigen Oberwind empfangen. Die alpine Landschaft wirkt auf den ersten Blick eher abweisend als einladend. Selbst der fast 7 km lange Reschensee vermag diesen ersten Eindruck kaum zu mildern, eher schon der Blick nach Süden, wo sich die vergletscherten Dreitausender des Ortlermassivs am Horizont abzeichnen.

Der Aufstauung des Reschensees zur Energiegewinnung fiel das alte Dörfchen Graun zum Opfer; heute ragt nur mehr der Kirchturm aus dem Wasser – ein populäres Fotomotiv, das aber auch nachdenklich macht.

St. Valentin auf der Haide ⑩ (San Valentino alla Muta; 1470 m; 1300 Einw.), 10 km, an der Reschenstraße, diente bereits 1140 als Hospiz

Das Benediktinerkloster Marienberg wirkt wie eine Festung

St. Benedikt bei Mals bewahrt Fresken aus karolingischer Zeit

2
Karte Seite 70

und verzeichnete schon zu kaiserlichen und königlichen Zeiten regen Besuch. Der im Jahre 1905 hier gegründete Skiclub war einer der ersten in ganz Tirol. Heute ist das Skigebiet auf der Haideralm mit Liften und Pisten zeitgemäß erschlossen. Im Sommer führen von der Alm aus sehr schöne Höhenwanderungen u. a. nach Rojen (1973 m), einer der höchstgelegenen Ortschaften im ganzen Alpenraum.

*Kloster Marienberg ⑪

Die Reschenstraße führt abwärts über die **Malser Haide.** Der mit 13 km² größte Murkegel der Alpen wird von Waalen (s. S. 51) durchzogen.

Rechts am Hang kommt bald das weiße ****Kloster Marienberg** ins Blickfeld. Mit seinen weit herabreichenden Stützmauern wirkt das Benediktinerkloster wie eine Festung. Doch auch die mächtigen Mauern konnten nicht verhindern, dass die Abtei durch die Landvögte von Matsch, die talabwärts auf der Churburg saßen, wiederholt geplündert wurde. Im 17. Jh. erfolgte die barocke Umgestaltung. Von besonderer künstlerischer Bedeutung sind die farbenfrohen romanischen **Fresken in der Krypta (entstanden um 1160): Christus thront in der Mandorla, links Petrus, rechts Paulus, und eine Engelschar schwebt vor kräftig blauem Hintergrund im Gewölbe (www.marienberg.it; Führungen April bis Juni Mo–Fr 10.45, 15, Sa 10.45 Uhr, Juli–Okt. Mo–Fr 10, 11, 15, 16 Uhr.)

Burgeis und *Mals

Auf alte Bausubstanz trifft man auch in **Burgeis** (Burgusio; 1216 m). Ausladende Steinhäuser umrahmen den stimmungsvollen Dorfplatz, vor dem Ort ragt der wuchtige Bergfried der Fürstenburg (13./16. Jh.) auf.

Fünf alte Türme zeigt die Silhouette von ***Mals** ⑫ (Malles Venosta; 1050 m; 4600 Einw.), 22 km, Hauptort des Obervinschgaus. Gotisch ist der mächtige Turm der Pfarrkirche mit seinem achteckigen Helm, die anderen vier stammen aus romanischer Zeit, darunter der 33,5 m hohe Fröhlichsturm aus dem 12./13. Jh., Überrest der Fröhlichsburg. Kunstkenner erwartet nahe der Ortsumfahrung das Kleinod

St. Benedikt. Das Kirchlein aus karolingischer Zeit bekam zu Beginn des 9. Jhs. eine **Freskenausschmückung, erhalten sind vor allem die Malereien in den Nischen der Ostwand.

2 Karte Seite 70

Ferienregion Obervinschgau, Benediktstr. 1, 39024 Mals, Tel. 04 73 73 70 70 (für Mals), Tel. 04 73 73 70 72 (für Burgeis), www.mals.suedtirol.com, www.ferienregion-obervinschgau.it

Greif, G.-Verdross-Str. 40/A, Tel. 04 73 83 11 89, Fax 04 73 83 19 06, www.hotel-greif.com. Gemütliche, helle Zimmer mit Naturholzmobiliar; das angeschlossene Restaurant offeriert Vollwertküche und Südtiroler Spezialitäten. ❍❍

St. Jakob, in Burgeis 176, Tel. 04 73 83 15 50, Fax 04 73 83 02 32, www.sun-snow.it. Angenehmes Apart-hotel mit hellen, gut ausgestatteten Ferienwohnungen. Idealer Standort für Biker und Wanderer. ❍

Abstecher nach Müstair

Ein Muss für Kunstfreunde ist von Mals aus ein Abstecher ins schweizerische Müstair (11 km), dessen **Kloster St. Johann** einen einzigartigen karolingischen **Freskenzyklus (um 800) sowie romanische Wandmalereien bewahrt.

Auf dem Rückweg von Müstair liegt kurz hinter der Grenze **Taufers** (1230 m), ein typisches Straßendorf, überragt von den Burgruinen Reichenberg und Rotund. Die Kirche St. Johann (um 1230) besitzt den für Südtiroler Kirchen ungewöhnlichen Grundriss eines griechischen Kreuzes. Die große Vorhalle ist doppelgeschossig. Im Chorgewölbe blieben meisterhafte romanische *Fresken erhalten.

Die Churburg der Grafen von Trapp

*Glurns ⓭

Auf dem Weg nach Glurns umfährt man Laatsch (970 m). Ganz in der Nähe fand 1499 die für die Habsburger so verheerende Calvenschlacht statt. Nach ihrem Sieg plünderten und brandschatzten die Bündner auch das benachbarte Glurns (Glorenza; 907 m; 800 Einw.). Den Besuchern präsentiert sich die kleinste Stadt Südtirols mit Wehrmauern, Tortürmen und seinen mittelalterlichen Laubengängen als ein beschaulicher Ort. Außerhalb des befestigten Gevierts steht die spätgotische Kirche **St. Pankraz** (1495) mit einem großen Fresko am Turm.

Schluderns ⓮

Östlich von Glurns, an der Mündung des Matscher Tals, einem stillen, weitgehend unberührtem Wandergebiet mit stolzen Dreitausendern, liegt Schluderns (Sluderno; 921 m; 1700 Einw.), 26 km, überragt von der ****Churburg.** Das wohl schönste Schloss des Vinschgaus wurde ab 1253 vom Churer Bischof erbaut, geriet dann in die Hand der Vögte von Matsch und später auf dem Erbweg an seine heutigen Besitzer, die Grafen von Trapp, die aus der Burg mit dem 26 m hohen Bergfried ein prächtiges

Renaissanceschloss machten. Hauptsehenswürdigkeit ist die Rüstkammer, wo man u. a. die 45 kg schwere Rüstung des 2,10 m langen Matscher Riesen bewundern kann. (www.churburg.com; Führungen 20. März bis 1. Nov. Di–So 10–12, 14–16.30 Uhr.)

Ein lebendiges Bild der Talschaft vermittelt das **Vinschger Museum** in Schluderns (Tel. 04 73 61 55 90; April bis Okt. Di–So 10–12, 15–18 Uhr).

i **Ferienregion Obervinschgau,** Tel. 04 73 73 70 74 (Büro Mals)

5 **Stilfserjoch ⑮

Wer einen Blick auf den »höchsten Spitz in Tyrol« genießen will, unternimmt einen Ausflug über die 48 Kehren der 1825 eröffneten Passstraße zum Stilfserjoch (Passo dello Stelvio; 2757 m, www.stilfserjoch.it), 27,5 km von Spondinig. Nach Trafoi beginnt der schönste Streckenabschnitt. Von der **Franzenshöhe** (2188 m) hat man eine faszinierende Sicht auf die Gletscherkulisse (Sommerski Juni–Nov.).

Das Stilfserjoch gab auch dem ältesten und größten Naturpark Südtirols seinen Namen: Der 134 000 ha große **Stilfserjoch-Nationalpark** erstreckt sich über weite Teile des Ortlermassivs bis hin zum schweizerischen Engadiner Nationalpark.

Auf jeden Fall besuchen sollte man das **Nationalparkhaus Aquaprad** in Prad am Stilfserjoch. Geboten werden u. a. die Ausstellung »Natur formt Natur – Natur formt Mensch – Mensch formt Natur«, die 14 Aquarien mit heimischen Fischarten sowie geführte Parkwanderungen. Kreuzweg 4/c, Tel. 04 73 61 82 12; www.naturatrafoi.com; Di–Fr 9–12 und 14.30–18, Sa/So/Fei 14.30–18 Uhr.

Auf der Stilfserjoch-Straße sind 48 Haarnadelkurven zu umrunden

*Sulden ⑯

Vom Stilfserjoch aus gesehen liegt Sulden (Solda; 1906 m, www.sulden.com) hinter dem Ortler. Dies war früher wörtlich zu nehmen, erhielt der Flecken doch erst 1892 eine Straßenzufahrt (20 km ab Spondinig). Heute ist Sulden, inmitten einer großartigen Hochgebirgskulisse gelegen, ein renommierter Luftkurort mit Gletscher-Skigebiet. Sehenswert sind hier auch Reinhold Messners **Alpine Curiosa Museum** (tgl. 9–19 Uhr) mit Kuriositäten aus der Alpinistik sowie sein unterirdische Museum **MMM Ortles.** Es ist Teil des Projekts Messner Mountain Museums, das fünf Museen an verschiedenen südtiroler Standorten umfasst (s. S. 75). Der Teil in Sulden ist den Themen Eis und Ortler gewidmet.

i **Ferienregion Ortlergebiet,** 39029 Sulden, Tel. 04 73 73 70 60, 0473 737062 (für Prad), Fax 04 73 61 31 82, www.ortlergebiet.it

2 Karte Seite 70

Cornelia, Hauptstr. 48, Tel. 04 73 61 30 32, www.hotelcornelia.com. Familiäres Hotel in Talstation-Nähe; helle Zimmer. ○–○○

Yak & Yeti, beim Alpine Curiosa Museum, Tel. 04 73 61 32 66. Serviert eine besondere Spezialität, nämlich Fleisch von Yak-Rindern, die Reinhold Messner aus Tibet eingeführt hat. Di geschl. ○○

2 Karte Seite 70

Payer-Hütte am Ortler

Laas ⑰ und Schlanders ⑱

Der edle Marmor aus **Laas** (Lasa; 868 m, 3800 Einw.), 38 km, – eines der drei Vorkommen von weißem Marmor in Europa – wird weltweit exportiert. Die Lager an den Abhängen der Laaser Spitze werden seit dem 15. Jh. ausgebeutet. Funde bei der kleinen Kirche *St. Sinisius (Ende 8. Jh.) belegen eine Besiedlung des Tals in prähistorischer Zeit. Im Ort verdient die romanische Apsis (12. Jh.) der 1852 geweihten Pfarrkirche Beachtung.

Schlanders (Silandro; 721 m, 5900 Einw.), 45 km, ist der Hauptort des Untervinschgaus. Klima und Landschaftsbild ändern sich; Marillen gedeihen hier, die ersten Rebberge sind nicht mehr weit. Im Ortskern künden der prächtige Renaissancebau der um 1600 erbauten Schlandersburg sowie stattliche Herrenhäuser noch von der noblen Vergangenheit des Ortes. Durch zahlreiche Neubauten hat Schlanders aber viel von seiner ursprünglichen Atmosphäre eingebüßt.

Ferienregion Schlanders-Laas, Göflaner Str. 27, 39028 Schlanders, Tel. 04 73 73 70 50, Fax 04 73 62 16 15, www.schlanders-laas.it

Vinschgerhof, Vetzan 37, Schlanders, Tel. 04 73 74 21 13, www.vinschgerhof.it. Bei Wanderern beliebtes Hotel, wo es auch eine deftige Südtiroler Brotzeit (Marende) gibt. Mit Hallenbad, Sauna. ○–○○

Alt und behäbig sind die Häuser, die im zu Schlanders gehörigen **Kortsch** (Corzes; 801 m) den *Dorfkern bilden; sie sind größtenteils im 17./18. Jh. entstanden. Gotik dagegen prägt den Ort **Göflan** (Covelano; 755 m). Die Kirche St. Martin (1465–1472) bewahrt zwei spätgotische Flügelaltäre. Göflan liegt am Fuß des bis hoch hinauf bewaldeten Nörderberges. Kaum Vegetation gedeiht dagegen auf der gegenüberliegenden, als »Sonnenberg« bezeichneten Steilflanke. Wer den Vinschgau kennen lernen will, muss hier hinaufsteigen zu den Einzelhöfen und den Feldern, die über kilometerlange Waale (s. S. 51) bewässert werden.

Ins Ortlermassiv

Beim Ort **Goldrain** (Coldrano; 660 m), 48 km, dessen Renaissanceschloss als Kultur- und Tagungszentrum dient, öffnet sich das ***Martelltal** ⑲. Der prächtigste Blick in dieses von vergletscherten Dreitausendern der Ortlergruppe umrahmte Hochtal bietet sich von **Schloss Annenberg** (1037 m), eine Gehstunde über Goldrain gelegen. Der weiße Eisdom des Monte Cevedale (3778 m) markiert den höchsten Punkt. Eine kurvenreiche Straße führt taleinwärts zum **Zufritt-Stausee** (1850 m).

Kunstfreunde besuchen in **Morter** (748 m), gleich am Eingang ins Martelltal, die spätgotische Pfarrkirche St. Dionysius von 1479 und die romanische Vigiliuskirche von 1180.

Oberhalb des Ortes erhebt sich **Schloss Montani,** 1228 von Albert II. von Tirol erbaut und einst eine der bedeutendsten Burgen des Vinschgaus. Aus der einst berühmten Bibliothek stammt eine der ältesten Handschriften des Nibelungenliedes (1323).

Die unterhalb stehende Burgkapelle **St. Stephan** bewahrt hervorragende spätgotische *Fresken.

Latsch ⑳

In Latsch (Laces; 639 m; 4300 Einw.), bewahrt die Spitalkirche – ursprünglich Teil eines Johanniterspitals – einen der bedeutendsten Flügelaltäre des Vinschgaus: den **Lederer-Altar (Schlüssel nebenan im Seniorenheim »Annaberg«; Mittagspause 11–13 Uhr). Der Bildhauer Jörg Lederer schuf ihn um 1520. Die Flügelmalereien stammen vermutlich von Hans Schäuffelin (s. S. 50).

i **Tourismusverein,** 39021 Latsch, Tel. 04 73 62 31 09, Fax 04 73 62 20 42, www.latsch.it

St. Martin im Kofel

Beliebtes Ziel von Ausflüglern ist St. Martin im Kofel (1736 m; Seilbahn oder ca. 3-stündiger Fußweg) mit seiner **Wallfahrtskirche.** Das eindrucksvolle Talpanorama reicht von der Mün-

Traditionelle Landwirtschaft: Bergbauernhöfe im Schnalstal

2 Karte Seite 70

dung des Val Müstair bis zur Töll; am südlichen Horizont stehen die Dreitausender der Ortlergruppe Parade.

Ein gut markierter Pfad verbindet die Gehöfte über dem riesigen Graben des Tissbachs. Bergbauern wirtschaften hier unter extremen Arbeitsbedingungen. Via **Schloss Annenberg** oder **Ratschill** (1285 m) kann man ins Tal absteigen (etwa 4 Std.). Beliebt ist auch die Wanderung östlich über Trumsberg (1469 m) hinunter nach **Kastelbell** (Castelbello; 586 m; 2300 Einw.), 56 km, das von einem zinnenbewehrten mittelalterlichen Schloss (13. Jh.) überragt wird.

Ins *Schnalstal ㉑

Hoch über dem Eingang ins Schnalstal thront **Burg Juval.** Der Extrembergsteiger und Schriftsteller Reinhold Messner ließ die halb verfallene mittelalterliche Burg, die im 15. Jh. zum Renaissancesitz ausgebaut worden war, restaurieren. Seit 1985 wohnt er hier und präsentiert im **MMM Juval** Exponate zum Thema »Mythos Berg« (Palmsonntag bis Juni, Sept. bis Anfang Nov. 10–16 Uhr, Mi geschl., keine Parkplätze, Shuttle-Bus).

Der schönste Weg führt von Tschars (636 m), 59 km, über den **Schnalswaal** hinauf zur Burg (ca. 1 Std.).

2
Karte Seite 70

Reinhold Messners Burg Juval bewacht den Eingang ins Schnalstal

Schlosswirt Juval, Tel. 04 73 66 82 38. Reinhold Messners Buschenschank serviert u. a. gute traditionelle Marende. ❍❍

6 Seit dem Fund von Ötzi dreht sich im Schnalstal alles um den Eismann – so auch im **ArcheoParc Schnals** in Unser Frau in Schnals, der die Vergangenheit auf sehr anschaulich präsentiert (Tel. 04 73 67 60 20, www.archeoparc.it; 1. 4.–14. 7. Di–So 10–18, 15. 7.–31. 8. tgl. 10–18, 1. 9. bis 2. 11. Di–So 10–18 Uhr). Vor dem Bau der Talstraße (1875) führte der Weg ins Schnalstal über den Berg, von Latsch nach St. Martin und weiter über den Ötztaler Hauptkamm nach Nordtirol. Den Beweis dafür, dass diese hochalpinen Übergänge schon lange vor Beginn unserer Zeitrechnung begangen wurden, lieferte die Entdeckung des jungsteinzeitlichen Eismanns »Ötzi«, der im Gletschereis des Hauslabjochs (ca. 3100 m) fünf Jahrtausende überdauerte (s. S. 32).

Unterhalb des 1690 m hoch gelegenen **Vernagt-Stausees** ist das Tal enger. Auf einer Anhöhe liegt **Karthaus** (Certosa; 1327 m), Sitz der Talgemeinde. Ursprünglich ein Kartäuserkloster, wurde der Komplex nach seiner Aufhebung (1782) von Bauern besiedelt.

Essen wie zu Ötzis Zeiten kann man im Schnalstal: Linsensalat, Gerstnocken, Brennnessel- und Getreidesuppe sowie Wild. Mehrere Betriebe servieren diese Gerichte, z. B. das **Hotel Goldenes Kreuz** in Unser Frau (Tel. 04 73 66 96 88, www.goldenes-kreuz.com; ❍❍).

Tourismusverein, 39020 Schnals, Tel. 04 73 67 91 48, Fax 04 73 67 91 77, www.oetzisworld.it

Naturns 22

Naturns (Naturno; 4500 Einw.), 65 km, der viel besuchte Hauptort des Untervinschgaus, wird überragt von der zinnengekrönten Burg. Hauptsehenswürdigkeit ist jedoch ****St. Prokulus** mit seinem einzigartigen Freskenschmuck aus dem 8. Jh. (s. S. 69).

Tourismusverein, Rathausstr. 1, 39025 Naturns, Tel. 04 73 66 60 77, www.naturns.it

Preidlhof, St. Zeno Str. 13, Tel. 04 73 66 62 51, Fax 04 73 66 61 05, www.preidlhof.it. Traumlage am Fuße der Texelgruppe. Großzügige Zimmer, Top-Küche, schöner Wellnessbereich. ❍❍❍

▮ **Schmiedhof,** Schlossweg 3, Tel. 04 73 66 74 28, www.schmiedhof.it. Gemütlicher Garni-Gasthof; auch Ferienwohnungen; kleiner Pool. ❍

Falkenstein, Schlossweg 15, Tel. 04 73 66 73 21. Gemütlicher Gasthof mit guten Winzerweinen und Vinschgauer Küche. ❍

▮ **Weinstube Gapp,** Hauptstr. 31, Tel. 04 73 66 71 63. Weinstube mit guten Tropfen und den passenden Speisen; zudem Volksmusikfreunde-Treff. ❍

Spaß für die ganze Familie inklusive 75-Meter-Wasserrutsche bietet das **Erlebnisbad Naturns.** Feldweg 5, Tel. 04 73 66 80 36, www.erlebnisbad.it; tgl. 10–19, Mi–22 Uhr.

Partschins

Hinter Rabland (525 m), 70 km, abseits der Durchgangsstraße links, liegt der Ferienort Partschins (642 m), an der Mündung des Zieltals. Hier wurde 1822 Peter Mitterhofer geboren, der als Erfinder der Schreibmaschine gilt. Ihm wurde ein informatives Museum gewidmet (Kirchplatz 10).

Bezaubernd schön ist der **Partschinser Waalweg,** der ab dem Ortsteil Vertigen dem alten Bewässerungskanal (Waal) durch eine Laubwaldzone folgt und in der Nähe des 97 m hohen Partschinser Wasserfalls endet (Gehzeit ca. 4 Std.).

Bei Töll (254 m) sieht man den weiten Talkessel von Meran (s. S. 44), 80 km.

St. Prokulus bei Naturns

2 Karte Seite 70

7 Ein Dorado für Kunstpilger

Die Fahrt durch den Vinschgau ist – vor allem, wenn man sie im bündnerischen Münstertal beginnt – eine Reise in das Frühmittelalter. An Müstair, Mals und Naturns kommt kein kulturhistorisch Interessierter vorbei.

Außerhalb von Naturns steht mitten in den Obstplantagen ****St. Prokulus.** Man vermutet nicht, dass diese äußerlich unscheinbar wirkende kleine Kirche im Inneren einen der größten Kunstschätze birgt. Die vielfach gerühmten Innenfresken waren zwischen 770 und 800 entstanden, vermutlich unter dem Einfluss der irischen Buchmalerei, die in St. Gallen und Salzburg ihre Hochburgen hatte. Die Darstellungen wirken fast abstrakt; wenige kräftige Striche zeichnen die Umrisse der Figuren. Berühmt wurde vor allem die Szene an der Südwand, die den heiligen Prokulus, Bischof von Trient, bei seiner Flucht über die Stadtmauer zeigt. Er gilt als Patron des Viehs, was die Rinderherde an der Eingangswand anschaulich zeigt (Ende März bis 15. Okt. Di–So 9.30–12 Uhr, 14.30 bis 17.30 Uhr, 15. Okt. bis Anf. Nov. tgl. 9.30–12, 14–17 Uhr; Führungen 10, 15 Uhr).

Landeck
ÖSTERREICH
Ötztal
Sölden
Stausee Gepatsch
ÖTZTALER ALPEN
Timmelsjoch
Muttler 3294
Nauders
Wildspitze 3768
Davos, St. Moritz
Unterengadin
Reschenpass 1504
Langtauferer Tal
Hintereis-Ferner
Granatenkogel 3318
Hochfirst 3403
Inn
Graun
Reschensee
Weißkugel 3739
Pfelders
Rojen
Ober-
Zur schönen Aussicht
Similaun 3606
Hohe Wilde 3480
SCHWEIZ
St. Valentin a. d. Haide
Kurzras
Naturpark
Haideralm
Haidersee
Eishof
Texelgruppe
Kloster Marienberg
Schnalstal
Pfossental
TEXELGRUPPE
P. Sesvenna 3205
Burgeis
Vernagt-Stausee
Mals
Matscher Tal
Karthaus
Partschins
Laatsch
Schluderns
Churburg
Rabland
Glurns
St. Martin im Kofel
Juval
Naturns
Taufers
Annenberg
Tschars
Larchbühel 1824
Spondinig
Kortsch
Kastelbell
Tarantsberg
Müstair
vinschgau
Schlanders
Laas
Pawigl
Val Müstair
Prad
Göflan
Etsch
Morter
Latsch
vinschgau
St. Pankraz
Kleinboden
Unter-
Peilstein 2542
St. Helena
Stilfser-Joch-
Martell
3305
Laaser Spitze
St. Walburg
Suldental
Martelltal
Mitterbad
Trafoi
Sulden
Stilfser Joch 2757
Franzenshöhe
Hint. Schöntaufsp. 3324
St. Nikolaus
Ultental
Ortler 3905
Zufrittsee
Zebrù 3740
St. Gertraud
Bormio
Königssp. 3859
Schaubachhütte
Zufallhütte
Weißbrunner See
Proveis
Laurein
M. Cevedale 3778
ORTLER-GRUPPE
Lago di S. Giustina
Nationalpark
Sole
Cles
Malè
Sondalo
Val di
Tuenno
Bragher
Sondrio
Taio
Lombardei
Noce
Nons-tal
Passo del Tonale 1883
BRENTAGRUPPE
Vigo Anaunia
Madonna di Campiglio
La Rocchetta
Sondrio, Bergamo
3556 Presanella
Mezzolombardo
Edolo
Naturpark Adamello-Brenta
180
184
27
185
40
41
28
38
42
239
43
186

STUBAIER ALPEN
Tribulaun
3096
Innsbruck
Brennerpass
1375
Eisack
Schlegeis-Speicher
Pfitscher Joch
2251
3510
Hochfeiler
Amthorsp.
2749
Pflerschtal
Pfitscher Tal
Hochfeiler Hütte
Gossensaß
Ridnauntal
Schneeberg-hütte
Roßkopf
2176
Sterzing
Wilde Kreuzspitze
3132
St. Magdalena
Wolfsthurn
Sprechenstein
Mareit
Saltnuss
Südtirol
Ratschingstal
Reifen-stein
Mauls
Passeiertal
Jaufenpass
2094
Penser J.
2214
Eisacktal
Pustertal
Bruneck
Jaufenburg
St. Leonhard in Passeier
Weißhorn
2705
Rienz
St. Martin in Passeier
Pfandler Alm
Pens
Franzensfeste
Prantach
Penser Tal
Naturpark Sarntaler Alpen
Neustift
Lüsen
Rabenstein
Durnholz
ALPEN
Saltaus
Passer
Hirzer Hütte
Brixen
Plose
2504
Dorf Tirol
Riffian
SARNTALER
"Meran 2000"
Latzfonser Kreuz
Milland
St. Andrä
Kreuztal
Würzjoch
1986
Schenna
Talfer
Durnholzer Tal
Reinswald
Feld-thurns
Afers
Halsl
1866
Meran
Kloster Säben
Sarnthein
Teis
Hafling
Reinegg
Klausen
St. Peter
Zanser Alm
Lana
Villanders
Gufidaun
St. Valentin
Rittner Horn
2260
Villnößtal
Vöran
Bundschen
Sarntal
Barbian
Geislerspitzen
3025
Burgstall
Schwarz-seesp.
2071
Waidbruck
St. Ulrich
Naturpark Puez-Geisler
Mölten
St. Johann i. d. Langfenn
Ritten
Trostburg
Grödner Tal
Lengstein
Kastelruth
Tisens
Vilpian
Jene-sien
Ober-bozen
Kloben-stein
Erdpyramiden
Langkofel
3179
Prissian
Nals
Terlan
Seis
Seiser Alm
SELLA-GRUPPE
Neuhaus
Runkelstein
Völs Schlern
2564
Naturpark Schlern
Festenstein
Bozen
Gantkofel
1860
Hocheppan
Prösels
Blumau
St. Pauls
Tiers
St. Michael / Eppan
Steinegg
Tierser Tal
Cortina d'Ampezzo
Girlan
Kohlern
Eggental
ROSENGARTEN
Fondo
1737
Marmolada
3343
Leifers
Kaltern
Mendelpass
1363
Branzoll
Etsch
MENDELKAMM
Kalterer See
Moena
M. Roen
2116
Tramin
ITALIEN
Fassatal
DOLOMITEN
Venetien
Auer
Kurtatsch
Predazzo
Neumarkt
Naturpark Trudner Horn
Cavalese
Margreid
St. Florian
Kurtinig
Avisio
Gfrill
Lago di Stramentizzo
Salurn
Trentino
Trento
TOUREN 1 BIS 4
0
10 km
N

2

Tour 3

Vom Gletschereis zu den Weinbergen

***Timmelsjoch → Passeiertal → Meran → Bozen (78 km)**

3 Karte Seite 71

Nimmt man den Weg übers Timmelsjoch, gelangt man quasi von oben her von Nord- nach Südtirol. Die kurvige Bergstrecke ist eine reizvolle Alternative zu den oft verstopften Routen über Brenner und Reschen. Sie führt vom Hochgebirge zu den Rebhängen und Obstkulturen rund um Meran. Da kann es schon vorkommen, dass es oben am Timmelsjoch gerade noch geschneit hat, man zwei Stunden später im Wirtshausgarten bei Speck und einem Glas Roten das wohlige Gefühl genießt, im Süden angekommen zu sein.

Für die Fahrt sollte man (ohne Besichtigung Merans) einen halben Tag einkalkulieren.

Ins Passeiertal

Die Grenze zwischen Nord- und Südtirol, zwischen Ötz- und Passeiertal überquert man am ***Timmelsjoch** ㉓ (Passo di Rombo; 2491 m; Grenzübergang, Wintersperre). Bei der eindrucksvollen Talfahrt erkennt man über dem Timmelstal einige Dreitausender der Stubaier Alpen. Die Strecke ist teilweise recht schmal und für Busse und Wohnanhänger gesperrt. Von **Saltnuss** (1680 m), 13 km, steigt man in etwa 2 Std. hinauf zum Schneeberg (2355 m), dem höchstgelegenen Bergwerk der Alpen.

Auf dem Timmelsjoch

Von der Schneeberger Brücke der Timmelsjochstraße steigt man zum ehemaligen **Bergwerk von St. Martin am Schneeberg** (2355 m, 2 Std.). Angeboten werden verschiedene Führungen und Besichtigungsmöglichkeiten (Infos: Tourismusverein Moos in Passeier, Tel. 04 73 64 35 58, oder www.hinterpasseier.com).

Die Timmelsjochstraße führt am Rand des Naturparks Texelgruppe entlang talabwärts. Bei dem stillen Dorf **Moos in Passeier** (1007 m), 22 km, mündet von Südwesten das ***Pfelderer Tal,** ein günstiger Ausgangspunkt für Touren in das 330 km² große Naturreservat.

Der Hauptort des Passeiertals ist **St. Leonhard in Passeier** ㉔ (San Leonardo in Passiria; 693 m; 3400 Einw.), wo die Straße zum ***Jaufenpass** (2094 m, Skigebiet) abzweigt. Sie stellt eine Verbindung zur Brennerroute (40 km bis Sterzing) her. Von der Scheitelhöhe genießt man eine weite Aussicht auf die Stubaier bis zu den Zillertaler Alpen. Schon in vorgeschichtlicher Zeit war St. Leonhard Etappenziel eines viel begangenen Verkehrswegs. Bei St. Leonhard gibt es einen herrlich gelegenen Golfplatz

(9-Löcher; s. S. 26) mit Golfakademie. Zudem ist der Ort ein guter Ausgangspunkt für Radtouren aller Schwierigkeitsgrade.

Das Geburtshaus von Andreas Hofer (1767–1810), der **Sandhof,** ist heute ein beliebter Gasthof außerhalb von St. Leonhard an der Straße nach Meran (Tel. 04 73 65 61 43; ❍). Im Wirtschaftstrakt des Hofs erinnert das **Museum Passeier** mit dem kleinen Andreas-Hofer-Museum an den Freiheitshelden. In der Herz-Jesu-Kapelle (1899) ist sein Leben pathetisch ins Bild gesetzt. Neben dem Hofer-Bereich gibt es noch ein Freiluftareal mit Gebäuden aus dem 16. bis 19. Jh. und eine Volkskundeabteilung (www.museum.passeier.it; Mitte März bis Okt. Di–So 10–18 Uhr).

Tourismusverein Passeiertal, Passeirerstr. 40, 39015 St. Leonhard in Passeier, Tel. 04 73 65 61 88, Fax 04 73 65 66 24, www.passeiertal.org

Geburtshaus von Andreas Hofer

Jägerhof, Walten (an der Straße zum Jaufenpass), Tel. 04 73 65 62 50, Fax 04 73 65 68 22, www.jaegerhof.suedtirol.net. Familienbetrieb mit landestypischer Küche; im Sommer geführte Wanderungen. ❍

In **St. Martin in Passeier** (San Martino in Passiria; 597 m; 2800 Einw.), 33 km, zeigt das kleine Heimatmuseum bäuerliche Kultur vergangener Zeiten. Über dem Dorf liegt der stattliche

3
Karte Seite 71

Andreas Hofer – Held oder Tor?

Was den Schweizern ihr Wilhelm Tell, ist den Tirolern ihr Sandwirt Andreas Hofer (1767–1810). Ein aufrechter Mann ohne Fehl und Tadel, der zum Kampf eher gedrängt wurde, als dass er ihn gewollt hätte. Zunächst schlug sich der Tiroler Gastwirt, Pferde- und Weinhändler mit seinen Freiheitskämpfern siegreich in der Berg-Isel-Schlacht. Sein Mut und Einsatz fand die Schulter klopfende Anerkennung seiner Landsleute. Aber schließlich wurde er zur tragischen Figur. Aufgerieben zwischen Napoleon und der Koalition, war er letztendlich nur ein Bauer im großen europäischen Machtspiel. Er erkannte die Zeichen der Zeit nicht, zudem konnte er sich den aufhetzenden Einflüsterungen des unversöhnlichen Paters Joachim Haspinger nicht entziehen. Das sollte Andreas Hofer das Leben kosten: Nach bitteren und verlorenen Kämpfen im Passeiertal versteckte er sich auf der Pfandleralm, wurde aber verraten, gefangen genommen und schließlich am 20. Februar 1810 in Mantua von französischen Grenadieren standrechtlich erschossen.

Castel Schwanburg

3 Karte Seite 71

Schildhof Steinhaus (1500). Im Passeiertal gibt es 12 dieser bäuerlichen Feudalsitze, sie dienen heute zum Teil als Hotels.

Naserhof, St. Martin in Passeier, Tel. 04 73 66 73 21. Almgaststätte mit Musikabenden und Lammbraten vom Holzofen. Nov. bis Ostern geschl. ❍

Von Riffian nach Meran

Das Tal der Passer öffnet sich zum weiten Meraner Talkessel. Den Wallfahrtsort **Riffian ㉕,** 44 km, umgeben Obst- und Weingärten. Das Ziel der meisten Besucher ist direkt neben der barocken Wallfahrtskirche die Friedhofskapelle mit *Fresken im höfischen Stil (1400). Am Eingang ins Spronsertal liegt **Kuens** (300 Einw.), die kleinste Gemeinde Südtirols.

Bei ****Meran** (s. S. 44 ff.), 49 km, erreicht man das Etschtal.

Burgstall und Nals

Die weitere Strecke bis Bozen führt am Fuß des Tschögglbergs von Dorf zu Dorf. In **Burgstall** (Postal; 271 m), 57 km, erwartet den Besucher das einzige Wildmuseum Südtirols, in dem rund 350 präparierte heimische Wild- und Vogelarten in ihrem natürlichen Lebensraum ausgestellt sind.

Weinkenner schätzen **Nals ㉖** (Nalles; 321 m) wegen seiner feinen Weine, die besonders gut nach einer Wanderung durchs reizvolle Hinterland schmecken – hinauf zu dem von Burgen umstellten **Prissian** (Prissiano; 617 m) und zum Kirchlein **St. Jakob ob Grissian** (839 m) mit romanischen und gotischen Fresken.

Auf der Suche nach einem edlen Tropfen sollte man dem **Castel Schwanburg** bei Nals, einer der führenden Weinkellereien Südtirols, einen Besuch abstatten (Tel. 04 71 67 86 22, www.schwanburg.com).

Über Terlan ㉗ nach Bozen

Kunstliebhaber kommen in Terlan (Terlano; 3100 Einw.), 67 km, auf ihre Kosten. Die ***Pfarrkirche** hütet eine Marienkrönungsgruppe (1380) und einen Freskenzyklus der Bozner Schule. Beliebtes Ausflugsziel ist **St. Jakob auf der Langfenn** (1517 m; 1 Std.). Auf einer Anhöhe südlich von Terlan thront die Burgruine **Neuhaus** (13./14. Jh.), die im Volksmund auch »Maultasch« genannt wird, da sie wohl Lieblingssitz der Landesfürstin Margarethe Maultasch war.

Im Frühling sollte man in einem der Lokale zwischen Vilpian und Siebeneich einkehren: Direkt im Anbaugebiet kann man sich frischen **Spargel** mit der köstlichen Bozner Soße schmecken lassen.

Die Tour endet in Bozen (s. S. 29 ff.), 78 km.

Tour 4

Alter Adel, junger Wein

Bozen → Überetsch → Salurn → Bozen (71 km)

Auf in den sonnenverwöhnten Süden Südtirols! In jenen Winkeln des Landes, wo sich Weingärten über die Hügel ziehen und im Talboden Obstbäumchen Spalier stehen. Dass man hier immer schon gut leben konnte, verraten die stattlichen Weindörfer, die schmucken Bauernhöfe, edlen Ansitze und Schlösser sowie Burgen, die sich wie Perlen an der Südtiroler Weinstraße aufreihen. Gut gelebt hat auch der zugereiste Adel im Spätmittelalter im Überetsch, wovon die Prachtbauten zeugen, die heute teils Hotels sind.

Die Tour bietet so viele Möglichkeiten für intensiven Natur- und Kulturgenuss, dass man mindestens einen Tag einplanen sollte.

Im Überetsch finden sich herrliche Wanderreviere, z. B. am **Mendelkamm** (1363 m). Sein markanter Steilabfall (Monte Röen, 2116 m) begleitet Überetsch und Unterland im Westen. Östlich der Etsch bilden die größtenteils aus Porphyr aufgebauten Höhen von Regglberg und Unterland-Berg das Gegenstück zu der lang gestreckten Kalkkette.

Ein Teil der Gegend ist heute Naturschutzgebiet; der **Naturpark Trudner Horn** ㉘ (65 km²) kann fast noch als Geheimtipp bezeichnet werden. Ausgedehnte Wälder, prächtige Aussichtspunkte und der Riesengraben der *Bletterbachschlucht bei Aldein, der wohl eindrucksvollsten Klamm des Landes, warten darauf, entdeckt zu werden.

Radwandern kann man besonders gut zwischen den Weinhügeln um Eppan und dem Unterland; zahlreiche Routen sind markiert. Auch an der Etsch entlang führt ein asphaltierter Radweg bis nach Salurn (und Trento). Bei Südtirol Marketing (s. S. 100 unter Informationen) ist die Broschüre »Radwandern« erhältlich.

*Schloss Sigmundskron

Den Auftakt dieser sinnenfreudigen Burgen- und Weinreise bildet die Burganlage Schloss Sigmundskron südlich von Bozen. 945 als Burg Formicaria erwähnt, wurde sie vom Tiroler Herzog Sigmund dem Münzreichen Ende des 15. Jhs. zu einer modernen Festung gegen die Venezianer aus- und von Reinhold Messner zu einem Bergmuseum umgebaut (s. u.).

Bergmuseen

Im Juli 2006 wurde in Schloss Sigmundkron das **Messner Mountain Museum Firmian** eröffnet (Tel. 04 71 63 12 64; Mitte Febr.–24. Dez. Di–So 10 bis 18 Uhr; stdl. Führungen), das die Beziehung von Mensch und Berg in Szene setzt. Es ist nach dem MMMs Juval (Naturns), Dolomites (Monte Rite) und Ortles (Sulden) das vierte des fünf Museen umfassenden Bergmuseen-Konzepts; 2008 soll das MMM Bergvölker folgen (www.messnermountainmuseum.de).

4 Karte Seite 71

Freskenschmuck in der Burg Hocheppan

4
Karte Seite 71

Ins Überetsch nach Eppan

Mit dem Ort **Girlan** (Cornaiano; 434 m, 1200 Einw.) beginnt die Kette der Weindörfer im Überetsch. In der Umgebung des Ortes sind die Weingüter Rungghof und Marklhof in einem ehemaligen Augustinerkloster beliebte Ausflugsziele. Girlan gehört zur Großgemeinde **Eppan** (Appiano; 60 km²), die den nördlichen Teil des Überetsch umfasst.

Verwaltungssitz ist **St. Michael** ㉙ (San Michele; 411 m, 4400 Einw.), 11 km, ein malerischer Ort inmitten der Weinberge am Fuß des Mendelkamms. Um den Ortskern gruppieren sich bergseits eine Reihe von stattlichen Ansitzen und Schlössern, größtenteils Bauten im Überetscher Stil, einer gelungenen Verbindung von Elementen der ausklingenden Gotik und der italienischen Renaissance.

Ein einprägsames Beispiel ist der Ansitz **Thalegg** an der Straße nach St. Pauls. **Schloss Englar,** das von der Besitzerin zum Hotel umfunktioniert wurde (s. S. 78), zeigt spätgotische

Burg Hocheppan

**Hocheppan und die streitbaren Eppaner

Burg Hocheppan, einst Stammsitz der machthungrigen Eppaner, die im Kampf um die Vorherrschaft im Land schließlich den Grafen von Tirol unterlagen, ist noch heute eine markante Silhouette im Überetsch. Auch als Halbruine flößt die abweisend wirkende Anlage dieser steinernen Machtdemonstration noch Furcht und Ehrfurcht ein. Heute ist die Ritterburg bequem auf einem guten Fußweg zu erreichen, so dass man in der Burgschenke die zünftige Jause und ein Gläschen Wein nicht völlig ermattet genießen muss. Alte Ritterzeiten werden lebendig und verleiten zum Spekulieren, was aus Tirol geworden wäre, wenn die Eppaner den Machtkampf gewonnen hätten.

Die alte Ritterburg ist nicht nur der Höhepunkt auf dem Eppaner Burgenweg, sondern auch ein kunsthistorisches Highlight. Die 1131 geweihte Kapelle, die neben dem fünfeckigen Bergfried zum Kernbestand der Feste gehört, bewahrt ausgezeichnet erhaltene romanische *Fresken. Der um 1200 entstandene Zyklus schildert Leben und Passion Christi. Ebenso amüsant wie liebenswürdig sind einige volksnahe Details: So entdeckt man neben den Jungfrauen an der Südwand eine Magd beim Knödelessen – die älteste Darstellung der Tiroler Nationalspeise (Burg Ostern bis Anf. Nov. tgl. 10–18 Uhr, im Juli Di geschl.; Burgschänke Ostern bis 1. Nov. 10–18 Uhr, Mi geschl.).

Formen, das benachbarte **Gandegg** ist ein richtiges Renaissanceschloss. Im Landsitz **Moos-Schulthaus** ist das Museum für mittelalterliche Wohnkultur untergebracht (Tel. 04 71 66 01 39, Führungen Di–So 10, 11, 16, 17 Uhr).

Ein Muss für Weinfreunde ist der Besuch der **Kellerei St. Michael-Eppan**, einem der Südtiroler Spitzenweingüter. Besonders edle Tropfen sind die »Sanct Valentin«-Weine. Eppan, Umgehungsstr. 17–19, Tel. 04 71 66 44 66, www.stmichael.it

4 Karte Seite 71

Die barocke **Gleifkapelle** (555 m; Fußweg, 20 Min. von St. Michael) ist ein besonders schöner Aussichtspunkt. Im Norden ragt der mächtige Kirchturm von **St. Pauls** (San Paolo; 394 m) mit seiner zu groß geratenen Zwiebelhaube 80 m hoch in den Himmel (15. Jh., barocker Turmabschluss 17. Jh.) Berühmt ist das Geläut; die größte Glocke (1701) ist fünf Tonnen schwer.

Hinter St. Pauls, an den Hängen über **Missian,** bilden die Schlösser Korb, Boymont und Hocheppan (s. S. 76 u. 77) das Burgendreieck des Überetsch: **Korb** ist heute Luxusherberge; echte Burgenromantik bietet **Schloss Boymont** (13. Jh.; 20 Min. Fußweg), heute eine Ruine (Burgschenke). Die Eppaner Burgen verbindet ein gut markierter Burgenweg.

Tourismusverein, Rathausplatz 1, 39057 Eppan, Tel. 04 71 66 22 06, www.eppan.net

Busverbindungen: Bozen, Mendelpass, Kaltern, Tramin, Neumarkt u. a.

Schloss Korb, Missian, Tel. 04 71 63 60 00, Fax 04 71 63 60 33, www.highlight-hotels.com/korb. Komfort in alten Mauern. ○○○

Schloss Englar, St. Michael, Tel. 04 71 66 26 28, Fax 04 71 66 04 04, www.schloss-englar.it. Herrliches Anwesen mit großem Park und 11 individuell gestalteten Zimmern. ○○

Landgasthof Bad Turmbach, Eppan/Berg, Tel./Fax 04 71 66 23 39, www.turmbach.com. Bäuerliches, familienfreundliches Ambiente; Freibad, Gartenrestaurant mit Spezialität frische Forellen. ○

Zur Rose, St. Michael, Tel. 04 71 66 22 49, www.zur-rose.com. Spitzengasthaus mit schlicht-elegantem Ambiente, erlesener, südtiroler Küche und exzellenter Vinothek. ○○○

Marklhof, Girlan, Tel. 04 71 66 24 07. Beliebtes Ausflugsziel; Südtiroler Spezialitäten. ○○

Vinothek Merum, J. G. Plazer Str. 14, Eppan, Tel. 04 71 66 31 80, www.merum.it. Hier gibt's alle Südtiroler Spitzenweine.

9 Kaltern 30

Die Nachbargemeinde von Eppan ist Kaltern (Caldaro; 425 m; 6300 Einw.), 16 km. In den großen Kellereigenossenschaften am Ortseingang, auf dem Gelände des ehemaligen Bahnhofs, kann man den »Kalterer« verkosten. Wissenswertes zum Thema zeigt das **Südtiroler Weinmuseum,** das vor allem mit seinen großen Weinpressen (»Torggln«) beeindruckt (Goldgasse 1, Tel. 04 71 96 31 68, April–Anf. Nov. Di bis Sa 9.30–12, 14–18, So 10–12 Uhr).

Vom Museum ist es nicht weit zum brunnengeschmückten ***Marktplatz,** der wie die Marktgasse verkehrsfrei ist und von schönen alten Häusern gesäumt wird. An seiner Ostseite steht neben dem Rathaus der spätgotische

Südtirols größter und wärmster natürlicher See: der Kalterer See

Turm der prunkvollen klassizistischen **Pfarrkirche** (1792). Von St. Anton (513 m) fährt die **Mendel-Standseilbahn,** die längste und steilste Europas, hinauf zum Mendelpass und überwindet dabei 850 Höhenmeter.

Vom Mendelpass (1363 m) empfiehlt sich eine Wanderung zum ***Penegal** (1737 m, 1,5 Std.). Faszinierend ist der Blick vom Aussichtsturm hinunter auf die Weinberge, Dörfer und Burgen des Überetschs. Im dunklen Grün des Montiggler Waldes verbergen sich die beiden **Montiggler Seen** und die glitzernde Wasserfläche des ***Kalterer Sees** (214 m). Der mit 1,4 km² größte natürliche See Südtirols ist angenehm warm, so dass sich auch Verfrorene von Mai bis Oktober getrost im Wasser tummeln können. Er liegt in einer windgeschützten Mulde unter dem steilen, von der Leuchtenburg gekrönten Mitterberg (576 m). Im breiten Schilfgürtel am Südufer (Naturschutzgebiet) nisten viele Wasservögel.

Auf Wandervögel trifft man rund um **Altenburg** (Castelvecchio; 612 m), ein anmutiges, besenreines Dörfchen auf einer Terrasse hoch über dem Kalterer See (Zufahrt ab Kaltern, 4 km).

Ein Pfad führt vom Dorf zur Ruine der kleinen frühchristlichen Kirche **St. Peter,** einem der ältesten Sakralbauten Südtirols: Sie dürfte aus dem späten 6. Jh. stammen.

Tourismusverein, Marktplatz 8, 39052 Kaltern am See, Tel. 04 71 96 31 69, www.kaltern.com

Busverbindungen: Eppan, Bozen, Tramin, Neumarkt; im Sommer Pendelbus zum See (gratis).

Seeleiten, St. Josef am See, Tel. 04 71 96 02 00, Fax 04 71 96 00 64, www.seeleiten.it. First-Class-Hotel mit Fitnessraum und Beautyfarm; Weinseminare. ○○○

Haus am Hang, St. Josef am See, Tel. 04 71 96 00 86, Fax 04 71 96 00 12, www.hausamhang.it. Mitten in den Weinbergen; gediegenes Ambiente, Freibad und Privatstrand. ○○

Garni Sonnleitenhof, St. Josef am See, Tel. 04 71 96 02 37, www.sonnleitenhof.it. Wenige Minuten vom See in den Weinbergen, Zimmer mit Seeblick. Eigene Weine. ○

Castel Ringberg, St. Josef am See, Tel. 04 71 96 00 10, www.castel-ringberg.com. Vornehmes Restaurant mit mediterran-kreativer Küche; eigene Konditorei. ○○–○○○

Gretl am See, St. Josef am See, Tel. 04 71 96 02 73. Beliebtes Restaurant mit schöner Seeterrasse und Südtiroler Spezialitäten. ○○

Tramin ㉛

Ein anderer berühmter Tropfen verdankt seinen Namen dem nächsten Ort an der Weinstraße: Tramin (Termeno; 276 m; 3000 Einw.), 25 km. Den weißen »Traminer« sollen schon die

4 Karte Seite 71

Römer bei Festen aufgetischt haben, und in jüngerer Zeit hat sich der Gewürztraminer zum Trendwein entwickelt. Immer bessere Qualitäten kommen auf den Markt, einen der besten keltert Hofstätter (Rathausplatz 7). Hier und bei anderen Kellereien bieten sich bei einem Bummel durch den stattlichen Marktflecken auch hinreichend Gelegenheiten, den Traminer zu probieren.

Markant ist die **Pfarrkirche** mit ihrem mächtigen *spätgotischen Turm (93 m). Einblick ins bäuerliche Leben vergangener Jahrhunderte gewährt das liebevoll gestaltete **Dorfmuseum** (April–Nov. Di–Fr 10–12, 16–18 Uhr, Sa 10–12 Uhr).

Ein kleiner Abstecher (15 Min.) hinauf zum romanischen Kirchlein **St. Jakob** auf dem einst befestigten Hügel von Kastelaz lohnt sich wegen des *Freskenschmucks (13. Jh.). Seine Bekanntheit gründet auf den phantastisch-skurrilen Bestiarien, welche sich in der Sockelzone der Apsis tummeln (Schlüssel im Nachbargebäude).

4 Karte Seite 71

Tourismusverein, 39040 Tramin, Julius-von-Payer-Str. 1, Tel. 04 71 86 01 31, www.tramin.com

Mühle Mayer, Mühlgasse 66, Tel. 04 71 86 02 19, Fax 04 71 86 09 46, www.muehle-mayer.it. Relaxen in den Weinbergen in familiärer Atmosphäre, großzügige, stilvoll eingerichtete Zimmer; Pool. ○○

Kurtatsch ㉜

Das Ortsbild des in schöner Hanglage über dem Etschtal gelegenen Weinbauerndorfs Kurtatsch (Cortaccia; 332 m; 1800 Einw.), 29 km, ist von noblen Ansitzen und kleinen Hofgruppen geprägt. Im Ansitz am Orth veranschaulicht das **Museum Zeitreise Mensch** die Entwicklung vom Jäger und Sammler bis zur Konsumgesellschaft anhand von rund 4000 Exponaten (Tel. 04 71 88 02 67, www.museumzeitreisemensch.it; Führungen April bis Aug. Fr 10 Uhr, sonst nach Anm.).

Schwarz-Adler Turmhotel, Kirchgasse 2,Tel. 04 71 88 06 00, Fax 04 71 88 06 01, www.turmhotel.it. Hübsch gelegenes, gut geführtes Haus. Kreative Küche, beste Südtiroler Weine. Freischwimmbad, Sauna und Solarium. ○○○

Gasthaus zur Rose, Endergasse 2, Tel. 04 71 88 01 16. Hier kann man sich Kasnocken, Speckknödel und eine Reihe anderer Südtiroler Speisen schmecken lassen. ○○

Schlosskellerei Turmhof, Schlossweg 4, Tel. 04 71 88 01 22. Der Besuch lohnt nicht nur wegen des vorzüglichen Rebensaftes und der Jause, sondern auch wegen des phantasievoll gestalteten Schlossparks. ○○

Von Margreid nach Laag

Der Winzerort **Margreid** (Magré all' Adige; 241 m; 1000 Einw.), 32 km, auf einem Murkegel an der Mündung des Fenner Bachs, wird von den Kalkfelsen des Fennbergs beherrscht.

Weingut Alois Lageder – auf dem Ansitz Löwengang sitzt der Erneuerer des Südtiroler Weinbaus. Dort macht er nicht nur Top-Weine, sondern seit 1996 mit bekannten Künstlern auch das »art projekt Löwengang«. Tel. 04 71 80 95 00, www.lageder.com; siehe auch S. 9.

Das südlichste Dorf an der Weinstraße ist das links der Etsch gelegene

Im autofreien Neumarkt laden Laubengänge zum Bummel ein

4
Karte Seite 71

Salurn ㉝ (Salorno; 224 m, 2500 Einw.), 39 km, wo man schon mehr Italienisch hört. Ein paar Kilometer südlich bildet auch die Salurner Klause die Sprachgrenze und die Grenze der beiden autonomen Provinzen Trentino und Südtirol (Trentino-Alto Adige). Hoch über dem Dorf thront auf einem Felszacken die Ruine der **Haderburg** (11.–16. Jh.), die einst über die strategisch wichtige Salurner Klause wachte (steiler Fußweg, 20 Min.).

Auf der Weiterfahrt Richtung Bozen passiert man **Laag** (Laghetti), 45 km. Der Ortsname weist auf einen nach der Etschregulierung von 1882 verschwundenen See hin. Nicht verschwunden, aber schwer zu finden ist ein Kleinod für Kunstfreunde, das sich nach Laag links der Brennerstraße hinter einer Mauer zwischen Obstbäumen versteckt: Die *romanische Apsis der Kirche **St. Florian** (12. Jh.) ist wohl eine der schönsten Südtirols. Wenige hundert Meter weiter bergwärts am Waldrand, bot das **Pilgerhospiz »Klösterle«** (12. Jh.) Pilgern und Wanderern Zuflucht.

*Neumarkt an der Etsch ㉞

Der Hauptort des Unterlandes (Egna; 218 m; 4000 Einw.), 48 km, wurde im Mittelalter (12. Jh.) als »neuer Markt« neben dem älteren Vill gegründet. Stattliche Bürgerhäuser mit Laubengängen stehen an der alten Hauptstraße, und tonnengewölbte Durchgänge führen zu den rückwärtigen Wirtschaftsgebäuden. Die Bausubstanz der vitalen, autofreien Altstadt reicht bis in spätgotische Zeit zurück.

Im Kernbestand gotisch ist auch die im 17. Jh. veränderte Pfarrkirche **St. Nikolaus.** Um 1500 entstanden das Langhaus und das reiche Sterngewölbe, knapp ein Jahrhundert älter ist der schöne hochgotische Chor von Meister Konrad. Gebrauchsgegenstände des 19. und 20. Jhs. präsentiert das **Museum für Alltagskultur** (Tel. 04 71 81 24 72; April–Nov. Di–Fr 16–18, Di auch 10–12 Uhr, So 10–12 Uhr).

i **Tourismusverein,**
39044 Neumarkt an der Etsch,
Tel. 04 71 81 23 73, www.neumarkt.it

Andreas Hofer, Straße der Alten Gründung 21–23, Tel. 04 71 81 26 53, Fax 04 71 81 29 53, www.hotelandreashofer.com. Romantisches Hotel im venzianischen Stil mit detailverliebtem Interieur. OO

Önothek Johnson & Dipoli, Andreas-Hofer-Str. 3. Allerfeinste Rebensäfte und eine hervorragende Küche. OO–OOO

Ausflug ins Blauburgundergebiet
Von Neumarkt aus bietet sich ein Abstecher ins »Blauburgunder-Paradies« an: zur Burgruine **Kaldiff** (12. Jh.), zu **Schloss Enn ob Montan** (Privatbesitz) und zur Kirche **St. Stephan** in Pinzon (420 m; 3,5 km). Letztere bewahrt einen *Flügelaltar des Brixners Hans Klocker (um 1500; die Kirche ist meist geschlossen, Schlüssel beim Küster: Tel. 04 71 81 28 71).

4
Karte Seite 71/87

Von Auer 35 nach Bozen

Inmitten von Obstgärten, Weinpergolen und landschaftlich reizvollem Hinterland (Regglberg, *Bletterbachschlucht) liegt Auer (Ora; 242 m; 2600 Einw.), 54 km. Im Oktober findet hier ein einwöchiges Weinseminar statt. Prähistorische Siedlungsspuren gibt es auf dem Hügel von **Castelfeder** (408 m), südlich von Auer.

Tourismusverein, 39040 Auer, Tel. 04 71 81 02 31, Fax 04 71 81 11 38, www.castelfelder.info

Zirmerhof, Radein, Tel. 04 71 88 72 15, Fax 04 71 88 72 25, www.zirmerhof.it. Pension mit bäuerlichem Interieur in einem historischen Hof hoch über dem Etschtal. OO

Tourziel ist Bozen (s. S. 29 ff.), 71 km.

Tour 5

Das grüne Tal

Brixen → Pustertal → *Sexten (76 km)

Das fast 100 km lange, sanft geschwungene Pustertal erstreckt sich von der Mühlbacher Klause über die Wasserscheide am Toblacher Feld bis Lienz. Es liegt eingebettet zwischen den Schiefer- und Granitbergen im Norden und den Ausläufern der Dolomiten im Süden. Was für ein Kontrast zum Vinschgau: Statt kahler Steilhänge ausgedehnte dunkle Wälder, offen die Talflanken, das Klima eher kühl als mild. Im Winter tummeln sich in dem schneesicheren Tal die Langläufer, im Sommer locken die Gipfel, laden malerische Seitentäler zum Wandern und Mountainbiken ein, und über dem Kronplatz, dem Hausberg Brunecks, schweben die Paraglider. Wer auch die Seitentäler kennen lernen möchte, braucht für die Fahrt gut und gerne zwei Tage.

Mühlbach 36

Erste Station am Eingang zum Pustertal ist Mühlbach (Rio di Pusteria; 777 m; 900 Einw.), 10 km ab Brixen (s. S. 38 ff.). Im Mittelalter war Mühlbach wichtiger Umschlagplatz am Handelsweg nach Venedig über die Strada d'Alemagna. Südlich des kleinen Ortes liegt die ***Burg Rodeneck** (4 km). Sie besitzt einen kunstvoll gearbeiteten romanischen Freskenzyklus: Um 1210 entstanden, beeindruckt diese älteste Illustration des Epos um den Ritter Iwein und seiner Liebe zu Laudine mit ihrer Ausdrucks-

Burg Rodeneck bei Mühlbach

Pustertaler Tracht

kraft (Tel. 04 72 45 40 56; Führungen Mitte Mai–Ende Okt. Di–So 11, 15 Uhr, Mitte Juli–Aug. auch 16 Uhr).

Für Wander- und Naturfreunde lohnt sich von Mühlbach ein Abstecher ins **Valser Tal** – mit dem einzigartigen alten Almdorf Fane am oberen Talende (1739 m) – oder nach **Meransen** (1414 m; Zufahrt 8 km).

*Pustertaler Sonnenstraße

Bei Niedervintl, 16 km, mündet von Norden das stille **Pfunderer Tal.** Hier nimmt die Pustertaler Sonnenstraße, eine panoramareiche Alternative zur Hauptstraße, ihren Ausgang. Sie führt durch die Dörfer an der Sonnenseite des Tals und bietet allerlei Sehenswertes: Erdpyramiden bei Terenten, alte Mühlen beim Weiler Ast und die Kirche St. Martin bei Hofern mit einem kostbaren Flügelaltar (1520). Bei Mühlen kommt die **Burg Schöneck** (12. Jh.) ins Blickfeld, Geburtsort des Minnesängers Oswald von Wolkenstein. In **Pfalzen** (Falzes; 1022 m) beeindruckt die Valentinskirche. Die »Sonnenstraße« senkt sich bis zur Mündung des Tauferer Tals, bis Bruneck (Brunico; 23 km).

Eine etwa zweistündige Wanderung auf dem **Terner Mühlen-Lehrpfad** führt an fünf Radmühlen vorbei, die noch in Betrieb sind. Im Sommer wird sogar jeden Mo von 10 bis 13 Uhr gemahlen.

Wählt man bei Niedervintl nicht die Sonnenstraße, sondern fährt durchs Tal der Rienz nach Bruneck, ist die Strecke zwar verkehrsreicher, entschädigt dafür aber mit einigen kulturhistorischen Besonderheiten. In **St. Sigmund** (San Sigismondo; 782 m), 23 km, ist das riesige Christophorusfresko an der südlichen Außenseite der spätgotischen Pfarrkirche (15. Jh.) sehenswert. Der kostbare *Flügelaltar (um 1430) im Innenraum ist der älteste Südtirols, der an seinem ursprünglichen Ort verblieb.

Nur wenige Kilometer weiter wird jenseits der Rienz das Dorf **Ehrenburg** (806 m) von einem mächtigen Barockschloss überragt. Ein römischer Meilenstein (heute eine Kopie) am Fuß des **Sonnenburger Hügels** an der Straße bezeugt, dass das Pustertal eine historische Durchgangsroute ist.

In Vintl, direkt an der Pustertaler Straße, liegt die **Loden Erlebniswelt** mit einem sehenswerten Museum, das die Herstellung des Lodens vom Rohstoff bis zum fertigen Stoff zeigt, Manufaktur, Geschäft mit Fabrikverkauf und dem Lodenwirt. Tel. 04 72 86 85 40; Mo–Sa 9–17.30, Juli/Aug. Mo–Sa 9–18.30 Uhr.

5 Karte Seite 87

Historisches Bauernhaus in St. Lorenzen

In der hübschen Gemeinde **St. Lorenzen** (San Lorenzo di Sebato; 810 m; 3100 Einw.), 31 km, am linken Ufer der Rienz, findet man in der doppeltürmigen Pfarrkirche zum hl. Laurentius ein hervorragendes Frühwerk von Michael Pacher: Die *Traubenmadonna (um 1460) schmückt als einzige verbliebene Figur eines Flügelaltars das rechte Seitenschiff.

Pachers »Traubenmadonna«

5 Karte Seite 87

*Bruneck ㊲

Der Hauptort des Pustertals, Bruneck (Brunico; 835 m; 10 100 Einw.), 35 km, wurde 1251 vom Brixner Bischof gegründet. Wer heute durch die **Stadtgasse** der umtriebigen Stadt spaziert, kann sich vorstellen, dass es hier zu Zeiten des Malers und Bildhauers Michael Pacher (er wohnte im Haus Nr. 29) auch nicht viel anders ausgesehen hat. In den alten Mauern mit ihren Portalen, Erkern und Zinnengiebeln ist viel vom historischen Ambiente erhalten. Über dem Städtchen thront **Schloss Bruneck** (1251).

Im Ortsteil Oberragen fallen alte Landsitze auf sowie die neuromanische **Pfarrkirche,** die ein *Holzkruzifix aus der Pacher-Schule besitzt.

Lebendige Geschichte

Einen Blick ins bäuerliche Leben vergangener Jahrhunderte bietet das ***Landesmuseum für Volkskunde** in Dietenheim, nordöstlich von Bruneck. Auf dem Gelände des Edelsitzes Mair am Hof stehen aber nicht nur alte Bauten aus verschiedenen Landesteilen, die man originalgetreu wieder aufgebaut hat. Hier wird auch altes Handwerk lebendig: Eine Mühle klappert, die martialischen Gerätschaften eines Bauerndoktors machen den Segen moderner Medizin wieder bewusst, u. a. gibt es auch eine verrußte Schmiede. Wer nach dem Rundgang Hunger verspürt, dem sei die Museumsstube mit deftiger Südtiroler Küche empfohlen.
Tel. 04 74 55 20 87; Ostermontag bis Ende Okt. Di–Sa 9.30 bis 17.30 Uhr, So/Fei 14–18 Uhr.

Burg Taufers im Ahrntal …

… ein Hauch von Burgenromantik

Der Schwerpunkt des **Stadtmuseums** liegt bei der graphischen Kunst des 20. Jhs. (Bruder-Willram-Str. 1, Tel. 04 74 55 32 92, Di–Fr 15–18, Sa/So 10–12, Juli/Aug. Di–So 10–12.30, 15.30–18.30 Uhr, im Aug. auch Mo).

Tourismusverein, Rathausplatz 7, 39031 Bruneck, Tel. 04 74 55 57 22, Fax 04 74 55 55 44, www.bruneck.com

Bahnverbindungen: Brixen, Innichen (–Lienz).
Gondelbahn: Reischach–Kronplatz, (2277 m; Skigebiet, Paragliden).

Royal Hinterhuber, Reischach, Tel. 04 74 54 10 00, Fax 04 74 54 80 48, www.royal-hinterhuber.com. Elegantes 4-Sterne Parkhotel in Alleinlage mit Dolomitenblick; großes Sportangebot. ○○○
▮ **Tanzer,** Dorfstr. 1, Issing bei Pfalzen (5 km westlich von Bruneck), Tel. 04 74 56 53 66, Fax 04 74 56 56 46, www.tanzer.it. Hübsch gelegenes Hotel, individuell gestaltete Zimmer, im Restaurant originell variierte Regionalküche und beste Weine. ○○

Oberraut, Amaten, Tel./Fax 04 74 55 99 77. Kleiner Gasthof über dem Brunecker Talkessel mit typisch Südtiroler Küche. ○○

*Tauferer- und *Ahrntal

Bei Bruneck öffnet sich von Norden der mächtige Graben des ***Tauferer Tals,** das hinter Luttach scharf abknickt und, nun Ahrntal genannt, entlang dem Zillertaler Hauptkamm ansteigt. Hauptort ist **Sand in Taufers** ㊳ (Campo Tures; 866 m; 1700 Einw.). Schon von weitem fällt der Blick auf die imposante ***Burg Taufers.** Sie wurde um 1250 in strategisch günstiger Lage als Stammsitz der Edlen von Taufers gegründet, die bereits 1340 ausstarben. Noch heute weht ein Hauch von Burgenromantik durch die Räume, von denen viele getäfelt und kostbar ausgestattet sind (Führungen tgl. 10–17 Uhr; Info: Tel. 04 74 67 8053).

Schöne Ausflugsziele ab Sand i. T. sind der **Speikboden** (2523 m; Sessellift) oder das malerische ***Reintal,** ein Wanderrevier vor der Rieserfernergruppe (Naturpark).

Hinter Sand rücken die Berghänge näher zusammen, das Tauferer Tal geht über ins alpine ***Ahrntal,** dem Land der Bergbauern. Bis zu den Hochalmen über der Waldgrenze trotzen sie der Natur ihren Lebensunterhalt ab. Unten im Tal reihen sich kleine Dörfer aneinander. Ganz am Talschluss, um Prettau (1475 m; 40 km ab Bruneck)

5 Karte Seite 87

und Kasern (1595 m), wurde früher nach Kupfer geschürft, was das **Landesbergbaumuseum** mit Besucherstollen eindrucksvoll dokumentiert (Tel. 04 74 65 42 98; Mai–Ende Okt. Di–So 9.30–16.30 Uhr, Aug. auch Mo).

Berghotel Kasern, Kasern 10, Tel. 04 74 91 31 20, www.kasern.com. Familiäres, kinderfreundliches Traditionshotel; Restaurant mit Spezialitätenwochen. ❍❍

Ins *Antholzer Tal ㊴

Erster Ort im Oberpustertal ist **Olang** (Valdaora; 1047 m; 2600 Einw.), 45 km, das mit dem Skigebiet Kronplatz vor allem von Wintersportlern gern besucht wird. Aber auch im Sommer bietet die Umgebung vielfältige Freizeitmöglichkeiten wie Golf, Reiten, Mountainbiken und Paragliden.

5
Karte Seite 87

Tourismusverein, Florianiplatz 4, 39030 Olang, Tel. 04 74 49 62 77, www.olang.com, www.kronplatz.com

Von Norden öffnet sich das ***Antholzer Tal,** ein beliebtes Langlaufrevier und als Hochburg des Biathlonsports Austragungsort der WM 2007. Der mächtige Wildgall (3273 m) und der tiefgrüne ***Antholzer See** (1641 m; 17 km) an seinem Fuß bilden eine beeindruckende hochalpine Kulisse. Im Sommer kann man über den **Staller Sattel** (2052 m; im Winter gesperrt) ins benachbarte Osttirol weiterfahren.

Geführte **Erlebniswanderungen** im Naturpark Rieserferner-Ahrn und **Kräuterwanderungen** finden von Juni bis Oktober statt. Infos beim Tourismusverein Antholz, Tel. 04 74 49 21 16, www.antholz.com.

TOUREN 5 BIS 7
0
15 km
N
ZILLERTALER ALPEN
Gr. Löffler
3376
3499
Dreiherrnsp.
Kasern
Prettau
Ahrntal
Steinhaus
Virgental
ÖSTERREICH
Weißenbach
Luttach
Rein in Taufers
Naturpark
Ahornach
Speikboden 2523
Sand in Taufers
Lappach
Reintal
RIESERFERNERGRUPPE
Antholzer See
Mühlen
Rieser-ferner
Staller Sattel
2052
Defereggental
Mühlwald
Mühlwalder Tal
Uttenheim
Tauferer Tal
Antholzer Tal
Antholz Obertal
St. Magdalena
Terenten
Schöneck
Gais
St. Sigmund
Pfalzen
Kiens
Bruneck
Percha
Rasen
Gsieser Tal
2663
Pfannhorn
Ehrenburg
Lamprechtsburg
Taisten
St. Lorenzen
Olang
Welsberg
Pustertal
Toblach
Innichen
Sillian
Lienz
Drau
Lüsen
Kronplatz
Rienz
Nieder-dorf
Vierschach
Helm 2433
Zwischen-wasser
St. Vigil
Pragser Wildsee
Höhlensteintal
Sexten
Piccolein
Rautal
Naturpark Fanes-
Sennes-Prags
Toblacher See
Naturpark Sextener Dolomiten
Kreuzbergsattel
St. Martin
1986
Würzjoch
Halsl 1866
Peitlerkofel 2875
Hochabtei
Wengen
Pederoa
Pederü
H. Gaisl 3146
Plätzwiesen
1636
Schluder-bach
Drei Zinnen 2999
St. Leonhard
Pedratsches
Faneshütte
Candide
Pàdola
Naturpark Puez-Geisler
GRUPPO D. CRISTALLO
Misurina
Stern
P.so del Zovo
1476
Wolkenstein
St. Kassian
LE TOFANE
1805
Corvara
P.so Tre Croci
Auronzo di Cadore
Grödner J. 2121
Pralongia 2139
2105
Pocol
Cortina d'Ampezzo
Ansiei
SELLAGR.
Col di Lana 2462
P.so di Falzarego
P.ta Sorapis 3205
MARMAROLE
Lozzo di Cadore
Arabba
Pordoijoch
2239
P.so di Giau 2233
Valle
Domegge di Cadore
Passo Fedaia 2057
Selva di Cadore
S. Vito di C.
M. Antelao 3263
Calalzo
Pieve di C.
Lago di Pieve di Cadore
Borca di C.
Valle di C.
Rocca Pietore
Caprile
MARMOLADA
DOLOMITEN
3168
M. Pelmo
d'Ampezzo
Alleghe
Passo di S. Pellegrino
ITALIEN
3220
M. Civetta
Zoppè di Cadore
1919
Falcade
Maè
1530
Forcella Cibiana
Piave
2032
Cencenighe Agordino
Cordevole
Forno di Zoldo
1605
Passo Duran
Friaul-Julisch-Venetien
1972
Col di Pra
Valle di Zoldo
C. di Vezzana 3192
Venetien
Parco
Agordo
Lago del Vajont
Nazionale
Longarone
S. Martino di Castrozza
Canale di Agordo
Pale di S. Martino
delle
Dolomiti
Gosaldo
Cismon
Bellunesi
1369
Passo Cereda
Ponte nelle Alpi
Belluno
Vittorio Veneto

Blick ins Pragser Tal und auf die Ampezzaner Dolomiten

5
Karte Seite 87

Gsieser Tal ㊵

Bei **Welsberg** (Monguelfo; 1087 m; 1200 Einw.), 52 km, mündet das Gsieser Tal. Es ist ein bevorzugtes Wander-, Langlauf- und Mountainbike-Gebiet (Straße bis St. Magdalena; 1398 m; 17 km). Welsberg wird von einer Burg aus dem 12. Jh. überragt, in der im Sommer Ausstellungen und Konzerte stattfinden, und ist der Geburtsort des Barockmalers Paul Troger (1698 bis 1762). Die Pfarrkirche besitzt drei Altarbilder des Meisters (1739). Am Ortsrand ist in der spätgotischen Kirche Unsere Liebe Frau auf dem Rain ein Netzrippengewölbe zu sehen.

Pragser Tal

Das Pragser Tal (Val di Braies) zweigt von der Pustertaler Straße zu dem idyllisch am Fuß des Seekofels (2810 m) gelegenen ****Pragser Wildsee ㊶** (1496 m; 9 km) ab. Im östlichen Talarm führt eine Straße über **Bad Altprags** (1379 m) hinauf zur Plätzwiese (1993 m; ab Brückele Bergfahrt, im Sommer nur mit Shuttlebus von 9 bis 16 Uhr). Der Ort erlebte als »Tiroler Gastein« zu kaiserlichen und königlichen Zeiten seine Blüte.

Nach Toblach ㊷

Der Ort **Niederdorf** (Villabassa; 1157 m), 58 km, war einst eine international bekannte Sommerfrische. Im Fremdenverkehrsmuseum im Haus Wassermann wird diese Zeit wieder lebendig (1. 7.–30. 9. Di–So 16–19 Uhr, 1. 12.–28. 2. und 1. 5.–30. 6. Fr/So 16 bis 19 Uhr, Sa 9–12, 16–19 Uhr).

Gegenüber dem Eingang zum schönen Höhlensteintal liegt **Toblach** (Dobbiaco; 1256 m; 3100 Einw.), 62 km. An der Strada d'Alemagna, einer alten Handelsroute zwischen Augsburg und Venedig, die hier nach Süden ins Höhlensteintal abzweigte, entstand bereits im 9. Jh. die Siedlung Duplago. Touristen kamen aber erst nach dem Bau der Pustertaler Bahnlinie (1871). Ein berühmter Besucher von Toblach war Gustav Mahler, der von 1908 bis 1910 im nahen Alt-Schluderbach seine 9. und 10. Symphonie schrieb. Das Komponierhäuschen im Wildpark und die von ihm bewohnten Räume im Trenkerhof sind zu besichtigen.

Im Juli erinnert die **»Gustav-Mahler-Musikwoche«** an den Komponisten, dessen Werke in dem als Kulturzentrum zu neuem Leben erweckten ehem. Grand Hotel zur Aufführung kommen (Tel. 04 74 97 61 51, www.grandhotel-toblach.com).

Tourismusverein, Dolomitenstr. 3, 39034 Toblach, Tel. 04 74 97 21 32, www.toblach.it

Vor allem mit Kindern lohnt ein Besuch des **Naturparkhauses,** das umfangreich und spielerisch über den Naturpark Sextener Dolomiten informiert. Besonders spannend ist die »Wald-WunderWelt« im Wald hinter dem Gebäude, Teil eines Natur-Erlebnisweges, der noch weiter ausgebaut wird (Di–Sa 9–12.30, 16–19 Uhr, Juni/Aug. Do bis 22 Uhr, Nov. geschl.).

Innichen ㊸

Ein paar Kilometer östlich liegt im weit geöffneten Tal der Drau Innichen (San Candido; 1174 m; 3000 Einw.), 68 km. Reste großer Steinwälle belegen, dass die Gegend bereits lange vor unserer Zeitrechnung besiedelt war. Im Jahre 769 schenkte der Bayernherzog Tassilo III. das Gebiet von Innichen an Abt Otto von Scharnitz, der sich verpflichtete, ein Benediktinerkloster zu gründen, um die aus dem Osten herannahenden Slawen zu christianisieren. Die ****Stiftskirche** ist das bedeutendste romanische Bauwerk Südtirols. Ende der 1960er-Jahre konnte man eine neoromanische Umgestaltung 1846 teilweise wieder entfernen. Auch die Krypta (12. Jh.) wurde restauriert. Der Turm entstand 1325, die gotische Vorhalle 1474, die anschließende Nothelferkapelle wurde 1524 gestiftet. Von den drei Portalen ist das romanische Südportal das schönste. Das große Fresko (um 1480) im Tympanon stammt wahrscheinlich von Michael Pacher. Die archaische Strenge des Innenraums kommt auch in der *Kreuzigungsgruppe (Ende 13. Jh.) zum Ausdruck. Die spätromanischen Fresken in der Kuppel über der Vierung zeigen die Schöpfungsgeschichte. Im **Stiftsmuseum** werden Kunstwerke und Dokumente zur Baugeschichte des Doms und Reste des kostbaren Bücherbestands der Stiftsbibliothek gezeigt (Do–Sa 17–19, So 10–11 Uhr, 15. Juli–Aug. auch Di–Sa 10–11, Di 20–22, So 10–12 Uhr). Einen Besuch lohnt noch die ehemals romanische **Pfarrkirche St. Michael** (1760/61), ein Spätbarockbau. Die **Heilig-Grab-Kirche** am westlichen Ortseingang ist der Grabeskirche in Jerusalem nachempfunden.

Wasserspaß und Wellness bietet das Erlebnisbad **Acquafun.** M.-H.-Hueber-Str., Tel. 04 74 91 62 00, www.acquafun.com

Tourismusverein, Pflegplatz 1, 39038 Innichen, Tel. 04 74 91 31 49, www.innichen.it

Bahnverbindungen: Bruneck–Brixen, Lienz.
Busverbindungen: Toblach, Vierschach, Sexten.

5 Karte Seite 87

Parkhotel Sole Paradiso, Sextner Str. 13, Tel. 04 74 91 31 20, Fax 04 74 91 31 93, www.sole-paradiso.com. Prämiertes Spitzenhotel; romantische Zimmer und Suiten, Beautyfarm, Tennisplatz. ❍❍❍

Kugler, Herzog-Tassilo-Str. 4, Tel. 04 74 91 33 12. Weithin bekannte Grappoteca-Vinoteca. Köstliche Imbisse. ❍❍

*Sexten ㊹

Der Abstecher nach Sexten (Sesto; 1316 m; 1800 Einw.), 76 km, ist ein Muss, schon wegen der berühmten »Sextener Sonnenuhr«. Sie wird gebildet von den Gipfeln des Neuner, Zehner, Elfer, Zwölfer und Einser, die das ****Fischleintal** umrahmen. Einen Besuch verdient das **Rudolf-Stolz-Museum** mit 160 Werken des Südtiroler Malers (Tel. 04 74 71 05 21; Weihnachten–Ostern Di–Fr 16.30–18.30, So 10–12 Uhr; 15. 6.–15. 7. und 15. 9. bis 10. 10. Mi/Fr 16–18 und So 10–12 Uhr).

Der schönste Sextener Aussichtsgipfel ist der ***Helm** (2433 m, Gondelbahn), westlicher Eckpfeiler der Karnischen Hauptkette.

5 Karte Seite 87

Tourismusverein, Dolomitenstr. 45, 39030 Sexten, Tel. 04 74 71 03 10, www.sexten.it

Beste Möglichkeiten finden Kletterer in der **Dolomit Arena,** mit 16,5 m die höchste Indoor-Kletteranlage Italiens (www.dolomitarena.it).

Kreuzbergpass, Kreuzbergpass (7 km von Sexten), Tel. 04 74 71 03 28, Fax 04 74 71 03 83, www.kreuzbergpass.com. Gastliches Haus mit Felsenschwimmbad, Sauna und Fitnessraum. ❍❍

Tour 6

Im Land der Gipfelstürmer

Klausen → **Grödner Tal → *Hochabtei → Bruneck (86 km)

Die schroffen Kalkfelsen der Dolomiten, vor rund 200 Millionen Jahren auf dem Meeresgrund entstanden, sind heute ein Dorado für Wanderer und Bergsteiger. Vom Grödner Tal ins Hochabtei kommt man leicht in zwei Stunden – auch wenn man eine Pause einlegt, um Langkofel und Sella zu fotografieren. Wer aber auf die Seiser Alm oder zu Fuß auf das Grödner Joch möchte, braucht sicher einen ganzen Tag.

Um die Dolomiten zu erkunden, muss man nicht unbedingt ein begnadeter Kletterer sein, denn die Traumlandschaft zwischen Eisack und Piave wartet mit einer erstklassigen touristischen Infrastruktur auf.

Dörfer sind zu Fremdenverkehrsorten, Bergbauern zu Hoteliers geworden. Diese rasante Entwicklung zeigt sich beispielhaft an zwei der touristisch aktivsten Dolomitentäler, dem Grödner Tal und dem Hochabtei. Wo man früher steinigen Feldern karge Erträge abrang, sind heute Schneekanonen installiert. Die Dolomiten aber sind ohne Zweifel eine beeindruckende Natur- und Kulturlandschaft geblieben, selbst da, wo sie hinter Chalet- und Hotelfassaden zu verschwinden drohen. In den Tälern rund um die Sellagruppe (Piz Boèj, 3152 m) lebt die kleinste ethnische Gruppe Südtirols: die Ladiner (s. S. 91).

St. Ulrich 45

An dem Weg von Klausen (s. S. 58 f.) ins Grödner Tal (Val Gardena) taucht auf der Höhe von Lajen das markante Felshorn des Langkofels (3181 m) auf. Bald folgt der Heimatort von Luis Trenker, St. Ulrich (ital.: Ortisei, ladin.: Urtischej; 1240 m), 20 km. 1892 geboren, war der vielseitig begabte Grödner bereits zu Lebzeiten eine Legende. Als er mit 97 Jahren starb, konnte er auf ein erfolgreiches Leben als Bergsteiger und Schauspieler, als Geschichtenerzähler und Autor, vor allem aber als Regisseur von Berg- und Heimatfilmen zurückblicken.

Hinter der »Ladinischen Pforte« bei Pontives fährt man hinein in den alten Hauptort der Talschaft. St. Ulrich ist wegen seiner Holzschnitzer über die Grenzen Tirols hinaus bekannt. Das traditionelle Handwerk ist hier seit dem 17. Jh. nachgewiesen. Bürgermeister Ferdinand Demetz, Großvater von Luis Trenker, gründete nach seinem Bildhauerstudium an der Wiener Akademie eine Fachschule für Schnitzer, die noch heute als Kunstgymnasium existiert. 1907 wurde auch in Wolkenstein eine Schnitzereifachschule gegründet, die noch Kurse anbietet. Wer einkaufen will: Nur Produkte mit Zertifikat sind wirklich von Hand gefertigt. Schnitzereien und Gemälde einheimischer Künstler zeigt das **Grödner Heimatmuseum** in der Cësa di Ladins, daneben vorgeschichtliche Funde, eine

Die Ladiner – nicht deutsch, nicht italienisch

Rund 4% der Bewohner der Autonomen Provinz Bozen zählen zur Minderheit der Ladiner, deren Sprache das Ladinische, eine Art Vulgärlatein, zu den rätoromanischen Sprachinseln zählt, die auch noch im Friaul und in Graubünden existieren. Der Sprach- und Kulturraum der Ladiner konzentriert sich rund um den Sellastock auf die fünf ladinischen Täler Gröden und Garda (Provinz Bozen), Fassa (Provinz Trient) sowie Ampezzo und Buchenwald (Provinz Belluno). Nur in der Provinz Bozen haben die Ladiner jedoch kulturelle Autonomie, wird das Ladinisch am intensivsten gepflegt. In Orten wie St. Christina im Grödnertal sprechen über 90 % der Einwohner ladinisch. Zudem wurden in den letzten Jahren verstärkt Anstrengungen zum Erhalt und zur Förderung der ladinischen Kultur unternommen.

Bestes Beispiel ist das oberhalb von Vigo di Fassa eröffnete **Museo Ladino di Fassa** (Loc. San Giovanni, Tel. 04 62 76 42 67). Außenstellen in Penia die Canazei, Pera di Fassa und Moena zeigen »La Sia«, eine venezianische Mühle mit Wasserantrieb, »Molin de Pezol«, eine Mühle aus dem 18. Jh., und »Botega da Pinter«, eine Böttcherwerkstatt.

Den besten Einblick in die ladinische Kultur gewährt jedoch das **Museum Ladin** im mittelalterlichen Schloss Ciastel de Tor oberhalb von St. Martin in Thurn, wo es neben dem Ladinischen Kulturinstitut auch einige charakteristische ladinische »Viles« (Weiler) zu sehen gibt (Tel. 04 72 52 40 20, www.museumladin.it; Palmsonntag–31. 10. Di–Sa 10–18, So 14–18, 1. 12.–Palmsonntag Mi–Fr 14–18, 26. 12.–8. 1. tgl. 14–18 Uhr).

6 Karte Seite 87

Traditionelle Grödner Holzschnitzerei

Spielzeug- und Mineraliensammlung sowie die Ladinische Bibliothek (Reziastr. 83, Tel. 04 71 79 75 54).

Dass die Gegend schon in vorgeschichtlicher Zeit besiedelt war, bezeugt eine Fundstätte nur wenig oberhalb von St. Ulrich am **Col de Flam** (1438 m; 40 Min.). Von der Anhöhe wandert man bequem in ca. 30 Min. hinauf zum Kirchlein ***St. Jakob** (1565 m), das Fresken eines Meisters der Brixner Schule (um 1470) bewahrt. Das ganz große Dolomitenpanorama kann man am Steilabfall der ***Seceda** nordöstlich über dem Tal (Seilbahn) genießen. Besonders schön ist der Blick zur Langkofelgruppe.

6 Karte Seite 87

Tourismusverein, Reziastr. 1, 39046 St. Ulrich, Tel. 04 71 77 76 00, www.valgardena.it

Arnaria, Tel. 04 71 79 66 49, Arnariastr. 15, www.arnaria.com. Ruhige Ortsrandlage, Zimmer im Tiroler Stil; Freibad. ○○

Anna Stuben, im Hotel Grödnerhof, Tel. 04 71 79 63 15. Unter Gourmets die Nummer 1 im Tal.

St. Jakob mit Langkofel

10 **Seiser Alm und Schlern

Die ****Seiser Alm** 46 (Alpe di Siusi) ist mit fast 60 km² eines der großen Landschaftswunder der Dolomiten und bildet mit dem **Naturpark Schlern** eine landschaftliche Einheit. Im Frühsommer entfaltet die Natur ihren ganzen Blütenzauber, und Wanderer finden im Gebiet ein gut markiertes Wegenetz vor. Von Seis oder Kastelruth (s. S. 61) aus ist die Hochalm über eine Straße und von St. Ulrich per Seilbahn zu erreichen.

Tourismusverband Seiser Alm, Compatsch 50, 39040 Seiser Alm, Tel. 04 71 72 79 04, www.seiseralm.net

Zum Grödner Joch

Noch stärker als St. Ulrich haben sich die Ortschaften taleinwärts auf den Tourismus eingestellt. Chalets und Hotels bestimmen das Bild rund um **St. Christina** (Santa Cristina; 1428 m) und **Wolkenstein** 47 (Selva; 1563 m), 27 km. Seilbahnen und Lifte erschließen die Höhen, ermöglichen den direkten Einstieg in die berühmte »Sella Ronda« und rund um die Sella-

Postkartenidylle: Seiser Alm mit Schlern

Ladinischer Bauernhof

Gruppe und machen das Grödner Tal zu einem der Top-Wintersportorte der Alpen. Leider ist auch die eine oder andere Bausünde nicht zu übersehen.

Die harmonische Renaissanceanlage der **Fischburg** oberhalb von St. Christina ließ Dietrich von Wolkenstein im 17. Jh. erbauen (Privatbesitz, Besichtigung nicht möglich).

Tourismusvereine Val Gardena: 39047 St. Christina, Str. Chemun 9, Tel. 04 71 77 78 00, Fax 04 71 79 31 98; 39048 Wolkenstein, Str. Meisules 213, Tel. 04 71 77 79 00, Fax 04 71 79 42 45, www.valgardena.it

Hinter Wolkenstein beginnt die Steigung zum **Grödner Joch** (2121 m), 39 km: eine kurvige Strecke mit immer neuen Landschaftsbildern. Sie ist ein Abschnitt der berühmten »Vier-Pässe-Fahrt« rund um die Sella-Gruppe (s. S. 97).

Weltcup-Zirkus

Das Grödnertal und das *Hochabtei sind Skihochburgen und Austragungsorte für FIS-Weltcuprennen. Alljährlich finden im Dezember zwei Klassiker statt: Die Herrenabfahrt/Super-G in Gröden und der Herren-Slalom/-Riesenslalom auf der steilen Piste am Piz la Villa (Alta Badia).

Ins *Hochabtei nach Bruneck

Hinter Kollfuschg (1645 m) erreicht man bei **Corvara** ㊽ (Kurfar; 1555 m; 700 Einw.), 49 km, das Hochabtei (Gadertal, ladin.: Alta Badia). Über dem lebhaften Ferienort und Wintersportplatz, der auch mit einem schönen 9-Loch-Golfplatz aufwartet (s. S. 26), ragt der Sassongher (2665 m) in den Himmel, besonders eindrucksvoll wirkt er von der in vielen Kurven zum **Passo di Campolongo** (1874 m) ansteigenden Straße nach Arabba aus. **Stern** (ital.: La Villa, ladin.: La Ila; 1483 m; 650 Einw.), 54 km, liegt unmittelbar am Eingang ins St.-Kassian-Tal.

Tourismusvereine Alta Badia: 39033 Corvara, Col Alt 36, Tel. 04 71 83 61 76, Fax 04 71 83 65 40; 39030 Stern, Tel. 04 71 84 70 37, Fax 04 71 84 72 77, www.altabadia.org

La Perla, Corvara, Tel. 04 71 83 10 00, Fax 04 71 83 65 68,

6 Karte Seite 87

www.romantiklaperla.it. Romantikhotel mit barock anmutenden Zimmern; Spezialitätenrestaurant. ○○○

▪ **La Majun,** Stern (La Villa), Tel. 04 71 84 70 30, Fax 04 71 84 70 74, www.lamajun.it. Komfortables, modernes Hotel, gute Küche. ○○

Ausflüge

Schöne Ausflugsziele sind die Hochalm **Pralongia** (Seilbahn von Corvara, Stern oder St. Kassian) und die zu Fuß vom St.-Kassian-Tal aus in etwa 2 Std. erreichbare **Große Fanesalpe** (2102 m). Dabei umwandert man den **Piz Cunturines** (3064 m), einen der großen Gipfel des Hochabtei. An seiner Südflanke wurden in einer Höhle die Knochen mehrerer Bären entdeckt, deren Alter auf über 20 000 Jahre geschätzt wird.

Überreste des »Ursus spelaeus« sind neben volkskundlichen Ausstellungsstücken im **Pic' Museo Ladin** in St. Kassian zu besichtigen (Tel. 04 71 84 95 05; Di–So 16–19 Uhr).

6
Karte Seite 87

Delizius, St. Kassian. Leckere ladinische Produkte.

In **Pedratsches** (Pedraces; 1324 m) sollte man den Sessellift nehmen und die Wallfahrtskapelle Heiligkreuz (2045 m) unter dem Heiligkreuzkofel (2907 m) besuchen.

Bei Pederoa (1152 m), 63 km, mündet von Osten das ***Wengental,** ein noch weitgehend unberührter Winkel Südtirols. Grandios ist auch ein Abstecher ins Rautal zum ***Naturpark Fanes-Sennes-Prags** ㊾. Eine Straße führt von Zwischenwasser (1005 m) bis Pederü (1540 m; Parkplatz). Zur ***Faneshütte** (2042 m), einem Wander- und Skitourengebiet, geht es dann nur zu Fuß oder per Jeep (Zubringerdienst).

Bruneck (s. S. 84 f.), 86 km, ist der Endpunkt dieser Tour.

Tour 7

Durchs Reich der Bleichen Berge

Bozen → **Große Dolomitenstraße → **Cortina d'Ampezzo → Toblach (144 km)

Als Route der Superlative gilt sie bis heute, die Große Dolomitenstraße: Auf der rund 100 km langen Berg- und Talfahrt von Bozen, dem Tor der Dolomiten, nach Cortina d'Ampezzo über die Pässe Karer (1745 m), Pordoi (2239 m) und Falzarego (2105 m), weiter über den Passo Tre Croci (1805 m) zum Misurinasee genießt man Naturwunder, die immer wieder in Staunen versetzen.

Eigentlich sollte die Dolomitenstraße zum 50-jährigen Regierungsjubiläum Kaiser Franz Josephs I. 1898 eröffnet werden, eingeweiht wurde sie aber erst 1908. Wie beschaulich muss die Fahrt zur Zeit der ersten Benzinkutschen gewesen sein! Heute windet sich an sonnigen Sommertagen oft ein endloser blecherner Tatzelwurm durch die Serpentinen des Falzarego und Pordoi. Das braucht etwas Geduld, und für die Fahrt auf der Großen Dolomitenstraße sollte man mindestens einen Tag ansetzen.

Durchs Eggental

Eine herrliche Szenerie entschädigt für die trostlos zubetonierte Talenge bei Kardaun. Gleich hinter dem Ort zeigt sich im Rückblick hoch über dem Eingang zur Eggenschlucht ***Schloss Karneid** (13./14. Jh.; Bes. nur April–Juni

Der legendäre Rosengarten

u. Sept.–Okt Fr 15, 16.30 Uhr; Info: Gemeinde Karneid, Tel. 04 71 36 13 14). Dann verschwindet die Straße in der wilden Klamm, rötliche Porphyrfelsen ragen steil empor. Nach einem längeren Tunnel treten die Steilflanken zurück, und über bewaldeten Hängen werden die grauen Kalkzacken des Latemar (2846 m) sichtbar.

11 Traumhafter Rosengarten

Bei Birchabruck (Ponte Nova; 872 m), 16 km, fällt der Blick auf die lang gestreckte Felsmauer des sagenumwobenen Rosengartens (s. S. 13). Vor allem im Licht der Abendsonne zeigen sich hier die Dolomiten von ihrer schönsten und faszinierendsten Seite und sind eines der beliebtesten Ziele für Wanderer, Kletterer und Skifahrer. Andere begnügen sich mit einem Blick und einem Foto auf die landschaftliche Schönheit und weiter gehts zum nächsten Berg.

Wallfahrer und Urlauber

Am Rosengarten zweigt rechts die Straße nach **Deutschnofen** (Nova Ponente; 1359 m; 10 km) ab. Das Dorf markiert den Nordrand des **Regglbergs,** der sich als Hochplateau mit schöner Aussicht südlich bis Aldein (1225 m) erstreckt.

Auf dem Regglberg liegt auch der Wallfahrtsort **Maria Weißenstein** ⑩ (Madonna di Pietralba; 1520 m), 9 km

Am Karersee mit Latemar als Kulisse

ab Deutschnofen. Der aus Kloster, Kirche, Kongress- und Exerzitienhaus bestehende Komplex beeindruckt vor allem wegen seiner Dimensionen. Von der Klosteranlage genießt man einen zauberhaften Blick bis zum Ortler und zu den Zacken des Latemar.

Am Westfuß der Dolomitengruppe liegt **Obereggen** ⑪ (1561 m), ein beliebter Ferienort mit guten Wander- und Wintersportmöglichkeiten.

Hotel Sonnalp, Obereggen, Tel. 04 71 61 58 42, Fax 04 71 61 59 09, www.sonnalp.com. Wellness-Hotel an den Pisten. ○○

7 Karte Seite 87

**Karersee und *Karerpass

An der Großen Dolomitenstraße folgen **Welschnofen** (Nova Levante; 1182 m; 1600 Einw.), 21 km, Stützpunkt für Touren zum Rosengarten, und der ****Karersee** ⑫ (1519 m) mit den Zinnen und Türmen des Latemarstocks als Kulisse. Den höchsten Wasserstand weist der See während der Schneeschmelze auf, im Herbst kann es jedoch vorkommen, dass er fast

Faszinierendes Dolomitenpanorama von der Bergstation oberhalb von Arabba

austrocknet. Das unweit des Sees gelegene imposante, 1896 eröffnete **Grand Hotel Karezza** war die »Sommerfrische« der Kaiserin Sisi, auf deren Spuren man hier wandern kann. Fantastisch ist die Lage des Hotels (Tel. 04 71 61 21 27, www.grandhotelcarezza.com; ○○–○○○).

Oben am ***Karerpass** (Passo di Costalunga; 1745 m), 29 km, überquert man die Grenze zum Trentino, zum ladinischen Fassatal. Unmittelbar vor der Passhöhe zweigt links die ***Rosengartenstraße** ab; sie führt am Westfuß der berühmten Dolomitengruppe entlang zum Niger-Sattel (1688 m) und ins Tierser Tal.

7
Karte Seite 87

i **Rosengarten-Latemar,** 39050 Birchabruck, Tel. 04 71 61 03 10, www.rosengarten-latemar.com

*Fassatal

Bei der Abfahrt Richtung Fassatal (Val di Fassa) zeigt sich das »Dach« der Dolomiten, die eisbekrönte **Marmolada** (3342 m).

Das Fassatal prägt eine hervorragende touristische Infrastruktur. Alte Bauernhäuser finden sich noch abseits der Hauptstraße, etwa in den Weilern Ronc und Monzon (Vajolet).

Ein Abstecher mit der Seilbahn von **Vigo di Fassa** 53 (ladin.: Vich; 1382 m; 800 Einw.) hinauf nach Ciampediè (1998 m) rückt die Bergkulisse besonders schön ins Blickfeld.

i **APT**, 38039 Vigo di Fassa, Strada Rezia, Tel. 04 62 60 97 00, www.fassa.com

Oberhalb von Vigo steht am Waldrand die spätgotische Kirche Sent Ulana (1519). In **San Giovanni** befindet sich auch der Hauptsitz des Museo Ladino di Fassa, das noch drei weitere Außenstellen (s. S. 91) im Fassatal besitzt.

Nach Campitello di Fassa (ladin.: Ciampedèl; 1414 m; Seilbahn Rodella, 2484 m) kommt man den Felsbastionen im Talschluss allmählich näher, bis man das touristische Zentrum des Fassatals, **Canazei** 54 (ladin.: Cianacèi;

1463 m), 51 km, erreicht. Seilbahnen und Straßen erschließen die Höhen der Umgebung, lediglich das malerische, unter Natuschutz stehende ***Contrintal** muss man auf Schusters Rappen erwandern (Rifugio Contrin; 2016 m, 2 Std.).

Zum Stausee von Fedaia (2053 m) führt eine gute Bergstraße, die über den Fedaiapass (2056 m) hinab zur Malga Ciapela (1450 m) verläuft und sich bis ins Cordevoletal fortsetzt (bis Caprile 30 km). Sie steht ganz im Bann der Königin ***Marmolada** (3342 m), die mit ihrem fast 3 km² großen Gletscher auf der Nordabdachung eine besondere Attraktion darstellt. Bestiegen wird dieser höchste Berg der Dolomiten meist vom Fedaia-Stausee aus. Sehr viel bequemer ist die Fahrt von Malga Ciapela mit der Marmolada-Seilschwebebahn, die sich bis knapp unter den Ostgipfel (3309 m) hinaufzieht (Bergstation 3250 m).

i **APT**, Strèda de Dolèda 10, 38032 Canazei, Tel. 04 62 60 95 00, www.fassa.com

Zum **Passo di Falzarego

In Canazei beginnt der kurvenreiche Anstieg zum ****Pordoijoch** (Passo Pordoi; 2239 m), 63 km. Auf halbem Weg, knapp unterhalb des Pian Schiavaneis, zweigt links die Straße übers ****Sellajoch** (2240 m) ins Grödner Tal ab. Als Teil der »Vier-Pässe-Fahrt« rund um die Sella vermittelt sie faszinierende Landschaftseindrücke.

Von Juli bis September ermöglicht die **Sella Ronda Card** Wanderern die Umrundung des Sella-Massivs mit Hilfe der Seilbahnen und Linienbusse. Das dauert zirka 7 bis 8 Std. Die Sella Ronda Card ist an den Kassen der Liftanlage in Canazei und Campitello erhältlich.

Vom ***Sass Pordoi** (2950 m) genießt man einen herrlichen Blick über den Padonkamm auf die Marmolada. Vom Wintersportzentrum **Arabba** 55 (ladin.: Reba; 1601 m; Seilbahn Porta Vescovo, 2476 m) führt die Straße fast eben um den im Ersten Weltkrieg hart umkämpften *Col di Lana (2462 m) herum und bietet eine schöne Aussicht auf Pelmo (3168 m) und Civetta (3220 m). Bei der Straßengabelung Cernadoi, 84 km, beginnt die Steigung zum ****Passo di Falzarego** 56 (2105 m), 93 km. Die Konzentration erfordernde Serpentinenfahrt durch steile Felswände wird belohnt mit einer phantastisch weiten Sicht von der Passhöhe aus, südwestlich auf die Marmolada und östlich bis zu den Dreitausendern der Ampezzaner Dolomiten (Seilbahn Piccolo Lagazuoi, 2778 m). Auch die anschließende Abfahrt ins Tal beeindruckt: Rechts ragen Averau (2649 m) und die Zackenreihe der Croda da Lago (2715 m) empor, zur Linken die riesige Felsorgel der Tofana di Rozes (3225 m). Bei Pocol (1530 m) mündet die **Giau-Passstraße** (2233 m; ab Cernadoi via Selva di Cadore, 34 km), eine abwechslungsreiche Alternative zur Falzarego Route.

12 **Cortina d'Ampezzo 57

Die Dreitausender Tofana, Pomagagnon, Cristallo, Sorapis und Croda da Lago bilden die **Conca d'Ampezzo,** die Traumkulisse zu dem Nobelort Cortina d'Ampezzo (1211 m; 7100 Einw.), 109 km, der im Jahre 1956 Schauplatz der VII. Olympischen Winterspiele war. Mittelpunkt ist die Hauptstraße Corso Italia, die vom Turm der katholischen Pfarrkirche (18. Jh.) überragt wird.

7 Karte Seite 87

In der wenige Schritte entfernten **Ciasa de ra Regoles** ist neben der **Collezione Rimoldi** mit zeitgenössischer Malerei eine bedeutende geologisch-mineralogische Sammlung zu besichtigen.

Im Norden von Cortina fügt sich das holzverkleidete **Olympiastadion** (Stadio Olimpico del Ghiaccio) gut ins Landschafts- und Siedlungsbild ein.

Ganz in der Nähe befindet sich die Talstation der großen Seilbahnkette auf die Tofana di Mezzo (3244 m). Der mächtige Dreitausender ist nur eines der vielen Ausflugsziele in der Umgebung von Cortina. Ebenfalls mit Bergbahnen sind die Aussichtspunkte Faloria (2123 m), Forcella Staunies (2918 m) und Mietres (1710 m) zu erreichen.

APT, Piazza San Francesco 8, 32043 Cortina d'Ampezzo, Tel. 04 36 32 31, Fax 04 36 32 35, www.cortina.dolomiti.com

Busverbindungen: Toblach, Bozen, Pieve di Cadore, Auronzo, Misurina.

Park Hotel Faloria, Viazuel 46, Tel. 04 36 86 29 59, Fax 04 36 86 64 83, www.phfaloria.com. Ruhig gelegen, 30 komfortable Suiten, Schwimmbad. ○○○

Menardi, Via Majon 112, Tel. 04 36 24 00, Fax 04 36 86 21 83, www.hotelmenardi.it. Angenehmes Drei-Sterne-Haus mit gutem Restaurant. ○○○

Villa Resy, Via Riva 49, Tel. 04 36 33 03, Fax 04 36 86 60 65; Charmante Familienpension. ○○

Tivoli (Ortsteil Lacedel), Tel. 04 36 86 64 00. Originell variierte italienische Küche. Mai/Juni und Okt./Nov. geschl. ○○○

Leone & Anna, Loc. Alverà 112, Tel. 04 36 27 68. Skilehrer- und Promitreff mit ladinischen Schmankerln. Juni und Nov. geschl. ○○

**Drei Zinnen bis Toblach

In Cortina endet zwar die Große Dolomitenstraße, nicht aber der Dolomitenzauber. Die Fahrt über den Passo

Meereskinder Dolomiten

Berge aus Muschelkalk, Korallenriffe als Felswände? Unglaublich, aber wahr, denn geboren wurden die Dolomiten auf dem Grund eines Meeres, das als Folge der Erdkrustenbewegung vom Nordkontinent (Asien/Europa) und dem afrikanischen Kontinent entstand. In einer späteren Phase der Erdgeschichte – vor immerhin noch rund 60 Millionen Jahren – kam es zur Kollision der Kontinentalplatten, die sich übereinander schoben und angehoben wurden: Die Alpen wuchsen aus dem Meer empor. In seinen Tiefen hatten sich Sedimentschichten aus Kalk abgelagert, manche einige hundert Meter dick. Von Wind und Wetter zu bizarren Formen zerfressen, entstand aus ihnen das heutige Naturwunder.

Die Gesteine der östlichen Dolomiten enthalten neben Kalk auch Magnesium. Diese Tatsache entdeckte der französische Geologe Déodat de Dolomieu, nach dem die Dolomiten benannt wurden.

7 Karte Seite 87

Dolomitenpracht – die Drei Zinnen

Tre Croci (1805 m) zum ****Misurinasee** (1745 m), 123 km, beeindruckt mit großartigen Landschaftsbildern, besonders, wenn man sich Zeit für einen Abstecher zu den ****Drei Zinnen** ⓹⓼ (2999 m) nimmt. Vom Endpunkt der 8 km langen Mautstraße wandert man in 40 Min. hinüber zum **Paternsattel** (2454 m) mit unverwechselbarem Nordwandblick auf die Dolomiten.

Ein umfassendes Panorama hat man auch vom ***Monte Piana** (Zufahrt, 6 km), der aufgrund seiner strategischen Bedeutung in der Dolomitenfront im Gebirgskrieg 1915–1917 hart umkämpft war. Die teilweise rekonstruierten Stellungen auf dem Gipfelplateau vermitteln einen Eindruck davon (Historischer Rundweg, 3 Std.).

Bei Schluderbach (1437 m), 130 km, mündet die westlich um das Cristallomassiv führende Strada d'Alemagna. Gleich dahinter baut sich über dem seichten ***Dürrensee** (1403 m) der Monte Cristallo (3221 m) auf. Und wenig weiter zeigen sich im Osten im engen Taleinschnitt der Schwarzen Rienz nochmals die Drei Zinnen, besonders stimmungsvoll im Abendlicht.

Toblach (s. S. 88 f.), 144 km, ist das Ziel der Dolomitentour.

Infos von A–Z

Auto- und Motorradfahrer

benötigen Fahrzeugpapiere und ihren nationalen Führerschein. Die grüne Versicherungskarte wird in Italien bei Unfällen und Verkehrskontrollen verlangt. Geschwindigkeitsbegrenzungen: Autobahn 130 km/h (auf der Brennerroute 110 km/h), Landstraßen 90 km/h, innerorts 50 km/h (bei Nichtbeachtung drohen extrem hohe Bußgelder). Promillegrenze ist 0,5. Außerorts muss auch tagsüber das Abblendlicht eingeschaltet sein und wer bei Pannen oder Unfällen aussteigt, muss eine Warnweste tragen. Pannenhilfe (Tel. 116) ist nur für Mitglieder mit Auslandsschutzbrief eines mit dem ACI kooperierenden Automobilclubs gratis.

Diplomatische Vertretungen

- **Deutschland:** Honorarkonsulat, Dr.-Streiter-Gasse 12, 39100 Bozen, Tel. 04 71 97 21 18, Fax 04 71 97 57 79.
- **Österreich:** Generalkonsulat, Piazza del Liberty 8/4, 20145 Milano, Tel. 02 78 37 43, Fax 02 78 36 25.
- **Schweiz:** Generalkonsulat, Via Palestro 2, 20121 Milano, Tel. 02 77 79 161, Fax 02 76 01 42 96

Einreise

Bei der Einreise nach Italien aus einem EU-Land gibt es keine Passkontrollen. Dies gilt nicht für Reisende aus der Schweiz. Die Mitnahme eines gültigen Personalausweises (Kinderausweises bis 16 Jahre) bzw. einer Identitätskarte ist aber für alle Pflicht.

Feiertage

1. und 6. Jan., Ostermontag, 25. April, 1. Mai, 15. Aug., 1. Nov., 8. Dez., 25./26. Dez.; Nationalfeiertage am jeweils 1. So im Juni und Nov.

Geld

Seit 2002 gehört Italien zur Eurozone. Viele Geschäfte und Hotels akzeptieren Kreditkarten (wie Eurocard, Visa); etliche ec-Bankomaten für problemloses Geldabheben stehen rund um die Uhr zur Verfügung.

Haustiere

Hunde und Katzen benötigen seit Okt. 2004 den Europäischen Heimtierausweis *(pet pass)*. Er ist nur mit gleichzeitiger Identifikation des Tieres durch Tätowierung oder Mikrochip gültig. Das Tollwut-Impfzeugnis muss mindestens 20 Tage und darf maximal 11 Monate alt sein. Für Hunde sind in Zügen Leine und Maulkorb Pflicht.

Informationen

Auskunft erteilen das Staatliche Italienischen Fremdenverkehrsamt **ENIT** sowie die **Südtirol Marketing GmbH,** das Fremdenverkehrsamt der autonomen Provinz:

- **Deutschland:** Kontorhaus Mitte, Friedrichstr. 187, 10117 Berlin, Tel. 0 30/2 47 83 98, Fax 2 47 83 99; 60329 Frankfurt/M., Kaiserstr. 65, Tel. 0 69/23 74 34, Fax 23 28 94; 80333 München, Lenbachplatz 2, Tel. 0 89/53 13 17, Fax 53 42 27;
- **Österreich:** 1010 Wien, Kärntner Ring 4, Tel. 01/5 05 16 39, Fax 5 05 02 48;
- **Schweiz:** 8001 Zürich, Uraniastr. 32, Tel. 0 46/6 40 40, Fax 6 40 41.
- **Gebührenfreie Prospektanforderung** unter Tel. 00 800 00 48 25 42 (gebührenfrei); www.enit.it, www.enit-italia.de
- **Südtirol:** Südtirol Marketing, Pfarrplatz 11, 39100 Bozen; Tel. 04 71 99 99 99, Fax 04 71 99 99 90, www.suedtirol.info

Lokale Informationsbüros sind bei den jeweiligen Orten aufgeführt.

Medizinische Versorgung

Mitglieder der gesetzlichen Krankenkassen können sich nach Vorlage der Europäischen Krankenversicherungskarte (EHIC) ärztlich behandeln lassen. Wer Ärzte und Medikamente bar bezahlt, sollte für die spätere Erstattung unbedingt eine genaue Rechnung verlangen. Empfehlenswert ist der Abschluss einer privaten Reise-Zusatzversicherung inklusive Rücktransport bei medizinischer Notwendigkeit.

Netzspannung

beträgt 220 V. Schukostecker passen oft nicht. Adapter *(spina di adattamento)* erhält man in den Elektrogeschäften oder an der Hotelrezeption.

Notruf

- Polizia (Polizei): 113
- Carabinieri (Staatspolizei): 112
- Vigili del fuoco (Feuerwehr): 115
- Ambulanza (Rettungsdienst): 118
- Pannendienst des ACI: 80 31 16

Öffnungszeiten

- **Banken** sind von Mo–Fr 8.30–13 und 15–16 Uhr geöffnet.
- **Geschäfte** sind in der Regel Mo–Fr 9–13 und 15.30–19 Uhr, Sa bis Mittag geöffnet, Lebensmittelgeschäfte haben meist schon ab 8 Uhr offen.
- **Tankstellen** machen über Mittag geschl., einige haben Tankautomaten.
- **Kirchen** außerhalb der Tourismuszentren sind meist verschlossen. Den Schlüssel erhält man in der Regel in einem der umliegenden Häuser.
- Für **Museen** gibt es keine einheitliche Regelung; in diesem Führer sind (ohne Gewähr) die jeweiligen Öffnungszeiten angegeben.

Öffentlicher Verkehr

Im öffentlichen Verkehr Südtirols gibt es Wertkarten für Bahn und Stadtbus, außerdem eine Wochenkarte für Buslinien, die man in Tabakläden und in den Überlandbussen kaufen kann. Infos unter Tel. 8 00 84 60 47.

Post
Postämter sind Mo–Fr von 8–13 Uhr geöffnet; Briefmarken *(francobolli)* gibt es auch in Tabakläden *(tabacchi)*. Das Auslandsporto von Italien in europäische Staaten beträgt für eine Postkarte *(cartolina)* oder einen Standardbrief *(lettera)* 0,62 Euro.

Radio und Fernsehen
Zweisprachige Privatsender auf allen Kanälen. Die Fernsehprogramme aus Deutschland, Österreich und der Schweiz können fast überall empfangen werden.

Rauchverbot
Seit 2005 gilt in allen öffentlichen Gebäuden, also auch in Restaurants und Bars, absolutes Rauchverbot (Geldbußen bei Zuwiderhandlungen).

Rechnungen und Belege
aus dem Dienstleistungsbereich (z. B. Restaurants, Autowerkstätten) sind bis zur Rückreise aufzuheben; sie werden vereinzelt durch die Guardia della Finanza kontrolliert.

Sicherheit
Südtirol gilt als äußerst sicher, aber natürlich gibt es auch hier Taschendiebe und Autoknacker, v. a. in den größeren Städten. Deshalb sollte man keine Wertsachen und Dokumente im Fahrzeug zurücklassen, nicht benötigte Wertgenstände oder größere Bargeldbeträge im Hotelsafe deponieren.

Telefonieren
kann man von Telefonzellen, Bars oder Geschäften, die mit einer gelben Wählscheibe gekennzeichnet sind, außerdem von öffentlichen Fernsprechämtern (Telecom) aus – nicht bei der Post! Dazu braucht man meist eine Telefonkarte *(scheda telefonica)*, die bei den *tabacchi*, der Telecom und in manchen Bars erhältlich ist. Die Rufnummer für die Telefonauskunft lautet 12. Die Ortsnetzkennzahl einschließlich der Null ist fester Bestandteil der Teilnehmernummer und muss – auch bei Ortsgesprächen – mitgewählt werden! Das Mobilfunknetz deckt ca. 85 % von Südtirol ab. Nur in einigen Gebirgstälern ist der Empfang schlecht oder nicht möglich.

Internationale Vorwahlen:
- Deutschland 00 49
- Österreich 00 43
- Schweiz 00 41
- Italien 00 39

Trinkgeld
In Restaurants sind zwischen 5 und 10 % des Rechnungsbetrags üblich.

Zeitungen
»Dolomiten« heißt die deutschsprachige Südtiroler Tageszeitung. Interessante Artikel über Südtiroler Themen finden sich in der »ff-Südtiroler Illustrierten«. Fast überall bekommt man die großen überregionalen deutschen, Schweizer und österreichischen Zeitungen und Magazine.

Zeit
Ende März bis Ende Oktober gilt in Italien Mitteleuropäische Sommerzeit.

Zoll
Für Reisende aus EU-Ländern gilt zollfreier Warenverkehr mit Richtmengen für den Privatbedarf: z. B. 800 Zigaretten, 90 l Wein, 10 l Spirituosen über 22 Vol.-% pro Person (ab 17 Jahre). Schweizer dürfen 200 Zigaretten, 1 l Spirituosen, 2 l Wein, 50 g Parfüm und Reiseandenken im Gesamtwert von max. 300 CHF pro Person mitnehmen.

Langenscheidt Mini-Dolmetscher Italienisch

Allgemeines

Guten Tag.	Buongiorno. [buon**dschor**no]
Hallo!	Ciao! [**tscha**o]
Wie geht's?	Come sta? [**ko**me sta]
Danke, gut.	Bene, grazie. [**bä**ne **gra**zje]
Ich heiße ...	Mi chiamo ... [mi kjamo]
Auf Wiedersehen.	Arrivederci. [arriwe**der**tschi]
Morgen	mattina [mat**ti**na]
Nachmittag	pomeriggio [pome**ridsch**o]
Abend	sera [**ße**ra]
Nacht	notte [**not**te]
morgen	domani [do**ma**ni]
heute	oggi [**odsch**i]
gestern	ieri [**jä**ri]
Sprechen Sie Deutsch?	Parla tedesco? [**par**la te**des**ko]
Wie bitte?	Come, prego? [**ko**me **prä**go]
Ich verstehe nicht.	Non capisco. [non ka**pis**ko]
Sagen Sie es bitte nochmals.	Lo può ripetere, per favore. [lo pu**o** ri**pä**tere per fa**wo**re]
..., bitte.	..., per favore. [per fa**wo**re]
danke	grazie [**gra**zje]
Keine Ursache.	Prego. [**prä**go]
was / wer / welcher	che / chi / quale [ke / ki / ku**a**le]
wo / wohin	dove [**do**we]
wie / wie viel	come / quanto [**ko**me / ku**an**to]
wann / wie lange	quando / quanto tempo [ku**an**do / ku**an**to **täm**po]
warum	perché [per**ke**]
Wie heißt das?	Come si chiama? [**ko**me ßi **kja**ma]
Wo ist ...?	Dov'è ...? [do**wä**]
Können Sie mir helfen?	Mi può aiutare? [mi pu**o** aju**ta**re]
ja	sì [ßi]
nein	no [no]
Entschuldigen Sie.	Scusi. [**sku**si]
Das macht nichts.	Non fa niente. [non fa **njän**te]

Sightseeing

Gibt es hier eine Touristeninformation?	C'è un ufficio di turismo qui? [**tschä** un uf**fi**tscho di tu**ri**smo ku**i**]
Haben Sie einen Stadtplan / ein Hotelverzeichnis?	Ha una pianta della città / un annuario alberghi? [a **u**na pj**an**ta **del**la tschit**ta** / un annu**a**rjo al**bär**gi]
Wann ist ... geöffnet?	A che ora è aperto (m.) / aperta (w.) ...? [a **ke o**ra ä a**pär**to / a**pär**ta]
geschlossen	chiuso (m.) / chiusa (w.) [kj**u**so / kj**u**sa]
das Museum	il museo (m.) [il mu**se**o]
die Kirche	la chiesa (w.) [la kj**ä**sa]
die Ausstellung	l'esposizione (w.) [lesposizj**o**ne]
Wegen Restaurierung geschlossen.	In restauro. [in res**tau**ro]

Shopping

Wo gibt es ...?	Dove posso trovare ...? [**do**we **pos**so tro**wa**re]
Wie viel kostet das?	Quanto costa? [ku**an**to **kos**ta]
Das ist zu teuer.	È troppo caro. [ä **trop**po **ka**ro]
Das gefällt mir (nicht).	(Non) mi piace. [(non) mi pj**a**tsche]
Gibt es das in einer anderen Farbe / Größe?	Ce l'ha anche di un altro colore / un'altra taglia? [tsche la **ang**ke di un **al**tro ko**lo**re / un **al**tra **tal**ja]
Ich nehme es.	Lo prendo. [lo **prän**do]
Wo ist eine Bank?	Dov'è una banca? [do**wä** una **bang**ka]
Ich suche einen Geldautomaten.	Dove posso trovare un bancomat? [**do**we **pos**so tro**wa**re un bangko**mat**]
Geben Sie mir 100 g Käse / zwei Kilo Pfirsiche	Mi dia un etto di formaggio / due chili di pesche. [mi **di**a un **ät**to di for**madsch**o / **du**e **ki**li di **päs**ke]
Haben Sie deutsche Zeitungen?	Ha giornali tedeschi? [a dschor**na**li te**des**ki]
Wo kann ich telefonieren / eine Telefonkarte kaufen?	Dove posso telefonare / comprare una scheda telefonica? [**do**we **pos**so telefo**na**re / kom**pra**re una **ske**da tele**fo**nika]

Notfälle

Ich brauche einen Arzt / Zahnarzt.	Ho bisogno di un medico / dentista. [o bi**so**njo di un **mä**diko / den**tis**ta]

Rufen Sie bitte einen Krankenwagen / die Polizei.	Chiami un'ambulanza / la polizia, per favore. [kjami un‿ambu**lanza** / la poli**zi**a per fa**wo**re]
Wir hatten einen Unfall.	Abbiamo avuto un incidente. [abb**ja**mo a**wu**to un intschi**dän**te]
Wo ist das Polizeirevier?	Dov'è la polizia? [do**wä** la poli**zi**a]
Ich bin bestohlen worden.	Mi hanno derubato. [mi **an**no deru**ba**to]
Mein Auto ist aufgebrochen worden.	Hanno forzato la mia macchina. [**an**no for**za**to la **mia** **mak**kina]

Essen und Trinken

Die Speisekarte, bitte.	Il menu per favore. [il me**nu** per fa**wo**re]
Brot	pane [**pa**ne]
Kaffee	caffè / espresso [kaf**fä** / es**präs**so]
Tee	tè [tä]
mit Milch / Zucker	con latte / zucchero [kon **lat**te / **zuk**kero]
Orangensaft	succo d'arancia [**suk**ko da**ran**tscha]
Mehr Kaffee, bitte.	Un altro caffè, per favore. [un **al**tro kaf**fä** per fa**wo**re]
Suppe	minestra [mi**näs**tra]
gemischte Vorspeise	antipasto misto [anti**pas**to **mis**to]
Nudeln	pasta [**pas**ta]
Fisch / Meeresfrüchte	pesce / frutti di mare [**pe**sche / **frut**ti di **ma**re]
Fleisch	carne [**kar**ne]
Geflügel	pollame [pol**la**me]
Beilage	contorno [kon**tor**no]
vegetarische Gerichte	piatti vegetariani [pj**at**ti wed~~sche~~tar**ja**ni]
Ei	uovo [u**o**vo]
Salat	insalata [inßa**la**ta]
Dessert	dolci [**dol**tschi]
Obst	frutta [**frut**ta]
Eis	gelato [d~~sche~~**la**to]
Wein	vino [**wi**no]
weiß / rot / rosé	bianco / rosso / rosé [bj**ang**ko / **ros**so / ro**se**]
Bier	birra [**bir**ra]
Aperitif	aperitivo [aperi**ti**wo]
Wasser	acqua [**a**kua]
Mineralwasser	acqua minerale [**a**kua mine**ra**le]
mit / ohne Kohlensäure	gassata / naturale [gas**sa**ta / natu**ra**le]
Frühstück	prima colazione [**pri**ma kolazj**o**ne]
Mittagessen	pranzo [**pran**dso]
Abendessen	cena [**tsche**na]
eine Kleinigkeit	uno spuntino [uno spun**ti**no]
Ich möchte bezahlen.	Il conto, per favore. [il **kon**to per fa**wo**re]
Es war sehr gut / nicht so gut.	Era molto buono. / Non era buono. [ära **mol**to bu**o**no / non ära bu**o**no]

Im Hotel

Ich suche ein gutes Hotel / nicht zu teures Hotel.	Cerco un buon albergo / un albergo economico. [**tscher**ko un bu**on** al**bär**go / un al**bär**go eko**no**miko]
Ich habe ein Zimmer reserviert.	Ho riservato una camera. [o riser**wa**to una **ka**mera]
Ich suche ein Zimmer für ... Personen.	Cerco una camera per ... persone. [**tscher**ko una **ka**mera per ... per**ßo**ne]
Mit Dusche und Toilette.	Con doccia e servizi. [kon **do**tscha e ser**wi**zi]
Mit Balkon.	Con balcone. [kon bal**ko**ne]
Wie viel kostet das Zimmer pro Nacht?	Quanto costa la camera per notte? [ku**an**to **kos**ta la **ka**mera per **not**te]
Mit Frühstück?	Con prima colazione? [kon **pri**ma kolazj**o**ne]
Kann ich das Zimmer sehen?	Posso vedere la camera? [**pos**so we**de**re la **ka**mera]
Haben Sie ein anderes Zimmer?	Avete un'altra camera? [a**we**te un‿**al**tra **ka**mera]
Das Zimmer gefällt mir (nicht).	Mi piace la camera. / La camera non mi piace. [mi pj**a**tsche la **ka**mera / la **ka**mera non mi pjatsche]
Es fehlen Handtücher.	Mancano asciugamano [**man**kano aschuga**ma**ni]
Kann ich mit Kreditkarte bezahlen?	Posso pagare con carta di credito? [**pos**so pa**ga**re con **kar**ta di **kre**dito]
Wo kann ich parken?	Dove posso mettere la macchina? [**do**we **pos**so **met**tere la **mak**kina]
Haben Sie eine (bewachte) Garage?	Avete un garage (sorvegliato)? [a**we**te un ga**ra**d~~sche~~ sorwel**ja**to]
Können Sie das Gepäck in mein Zimmer bringen?	Mi può portare i bagagli in camera? [mi pu**o** por**ta**re i ba**ga**lji in **ka**mera]
Es hat uns hier sehr gefallen.	A noi è piaciuto molto qui. [a **noi** ä pja**tschu**to **mol**to kwi]
Auf Wiedersehen!	Arrivederci! [arriwe**der**tschi]

Orts- und Sachregister

Personenregister

POLYGLOTT on tour

Der kompakte Reiseführer für rund 150 Reiseziele

Ägypten
Algarve
Allgäu/
Bayrisch Schwaben
Amsterdam
Andalusien
Apulien/Kalabrien
Argentinien
Athen
Australien
Azoren

Bali
Baltikum
Barcelona
Bayerischer Wald
Belgien
Berlin
Birma
Bodensee
Bonn/Siebengebirge/Ahrtal
Brasilien
Budapest
Bulgarische
Schwarzmeerküste

Chile
China
Costa del Sol
Côte d'Azur

Dänemark
Dominikanische Republik
Dresden
Dubai
Düsseldorf/Ruhrgebiet

Eifel
Elsass/Lothringen
England

Finnland
Florenz
Florida
Franken
Frankfurt/Rhein-Main
Fuerteventura

Gardasee
Golf von Neapel
Gran Canaria
Griechenland

Hamburg
Harz
Hongkong/Macau

Indien
Irland
Island
Istanbul
Italien

Japan
Jordanien

Kalifornien
Kanada - Der Osten
Kanada - Der Westen
Kanarische Inseln
Karibische Inseln
Kärnten
Köln
Korfu
Korsika
Kreta
Kroatien
Kuba

Lago Maggiore
Lanzarote
Ligurien/
Italienische Riviera
Lissabon
Lombardei/Piemont
London

Madeira
Madrid
Mailand
Malaysia
Malediven
Mallorca
Malta
Marokko
Mauritius/Reunion
Mecklenburg-Vorpommern
Mexiko
Mosel
Moskau
München

Namibia
Neuseeland
New York
Niederbayern/Oberpfalz
Niederlande
Nordseeküste und Inseln
Nordspanien/Jakobsweg
Norwegen

Oberitalien
Odenwald/Bergstrasse
Oman/Vereinigte Emirate
Österreich

Paris
Peking
Peru
Polen
Polnische
Ostseeküste/Danzig
Portugal
Potsdam
Prag
Provence

Rhein-Neckar/Heidelberg
Rhodos
Rom
Rügen

Sachsen
Salzburg
Sankt Petersburg
Sardinien
Schottland
Schwarzwald
Schweden
Schweiz
Seychellen
Singapur
Sizilien
Slowenien
Spanien
Sri Lanka
Steiermark
Straßburg
Stuttgart/
Schwäbische Alb
Südafrika
Südengland
Südfrankreich
Südschweden
Südtirol

Taiwan
Teneriffa
Thailand
Thailand - Der Süden/
Phuket
Thüringen
Toskana
Tschechien
Tunesien
Türkei
Türkische
Mittelmeerküste

Ungarn
USA - Der Osten
USA - Der Westen

Venedig
Venetien/Friaul
Vietnam

Wien

Yucatan

Zypern

Downloads, Infos & mehr
www.polyglott.de

Bitte achten Sie auch auf unsere Neuerscheinungen:

Urlaubskasse

Tasse Kaffee	al bar 1,50 €/Terrasse 4 €
Softdrink	al bar 2,60 €/Terrasse 4,50 €
Glas Bier	al bar 2,80 €/Terrasse 6 €
Speckplatte	8 €
Kugel Eis	1 €
Taxifahrt (Kurzstrecke 8–10 km)	15 €
Mietwagen/Tag	ab 40 €
1 l Superbenzin	1,25 €

www.polyglott.de

travelchannel.de

**Polyglott im Internet: www.polyglott.de,
im travelchannel unter www.travelchannel.de**

Alle Informationen stammen aus zuverlässigen Quellen und wurden sorgfältig geprüft. Für ihre Vollständigkeit und Richtigkeit können wir jedoch keine Haftung übernehmen.
Ergänzende Anregungen bitten wir zu richten an:
Polyglott Verlag, Redaktion, Postfach 40 11 20, 80711 München.
E-Mail: redaktion@polyglott.de

Impressum

Herausgeber: Polyglott-Redaktion
Autor: Eugen E. Hüsler
Autor Special: Peter Peter
Lektorat: Dr. Karin Friedlmaier
Layout: Ute Weber, Geretsried
Titelkonzept-Design: Studio Schübel Werbeagentur GmbH, München
Satz Special: Carmen Marchwinski, München
Karten und Pläne: Christiane Reiß
Satz: Schulz Bild + Text, Dagebüll

PT 07E2

Komplett aktualisierte Auflage 2007/2008
© 2005 by Polyglott Verlag GmbH, München
Printed in Germany
Dieses Buch wurde auf chlorfrei gebleichtem Papier gedruckt.
ISBN 978-3-493-56751-9

Infos zu Städten und Touren

*Bozen

Highlights: *Dom, *mittelalterliche Lauben, *Obstmarkt, *Stadtmuseum, **Alte Pfarrkirche, Ausflüge zum **Schloss Runkelstein, zum *Ritten und ins *Sarntal.

*Brixen

Highlights: *Dom mit *Deckenfresken und **Kreuzgang, *Bischöfliche Hofburg mit dem *Diözesanmuseum, dem *Domschatz und der *Krippensammlung, spätgotisches *Pfaundlerhaus in den Lauben, Ausflüge zum **Kloster Neustift, zum Hausberg *Plose und ins **Villnößtal.

**Meran

Highlights: *Pfarrkirche St. Nikolaus, *Laubengasse, **Kurhaus, Thermalzentrum, Promenaden am Passeier und am Küchelberg, Schloss Trauttmansdorff mit dem *Botanischen garten und dem *Touriseum, Ausflüge zum **Schloss Tirol, nach Lana, ins *Ultental, nach *Schenna und nach *Hafling.

Tour 1

Brenner → *Sterzing → *Klausen → Bozen
Länge: 86 km
Dauer: 1 Tag
Highlights: *Sterzing mit der *Neustadt – eine der schönsten Straßen Südtirols, *Ridnauntal mit dem Landesbergbaumuseum und dem Barockschloss *Wolfsthurn, Mineralien sammeln im *Pfitscher Tal, *Schloss Reifenstein im Brixner Tal, Künstlerstädtchen *Klausen, **Kloster Säben, *Trostburg, Kastelruth.

Tour 2

Reschenpass → *Mals → Schlanders → Meran
Länge: 80 km
Dauer: 1–2 Tage
Highlights: *Kloster Marienberg, fünftürmiges *Mals, Abstecher nach Müstair, *Glurns, **Churburg in Schluderns, **Stilfser Joch, *Sulden, **Lederer-Altar im Johanniterspital in Latsch, *Schnalstal mit dem Archeo Park, **St. Prokulus in Naturns.